発想の転換で
読み解く

働く女性のやる気スイッチ

持てる力を120%引き出す並走型マネジメント

世永亜実

Ami Yonaga

SHOEISHA

はじめに

24歳でサマンサタバサジャパンリミテッドに転職した2002年当時のことは、いまだ忘れられません。

小さなオフィス1部屋に、社員は数十人程度。狭くて、殺風景なオフィスの壁に、

「め　ざ　せ　日　本　一」

とA4の紙に1文字ずつ書かれたスローガンが、セロハンテープで貼ってありました。

ゴミ箱は、段ボールにビニール袋を入れただけ。パソコンは2人1台。

「まずい会社に入っちゃったな」

と思ったのを覚えています。

私のすぐ後に新卒で入った後輩は、会社の前のコンビニで、崩した500円分の小銭をアイスケースの上に積み上げて、延々とカラーコピーをしていました。

入社1週間後に前任のプレス担当者が辞めてしまい、創業者である寺田和正前社長と2人で広報部（のちに「プレス」「プレスマーケティング部」と改称）を立ち上げました。そして、まだ無名だったパリスとニッキーのヒルトン姉妹の初来日が、入社1カ月目の大仕事でした。

初めての海外出張は、急に行けなくなった寺田さんの代打として、たった一人で真冬のニューヨークへ。英語も話せず、とにかく不安で怖かった。ニューヨークのおしゃれなクラブで、ヒルトン姉妹と新商品のバッグの展示会をしたのは、今でもトラウマと言えるほど大変な経験でした。

当時はヒルトン姉妹が本格的にモデル活動を始める前で、マネジャーもいなかったので、やり取りは全部自分たちでやっていました。スタイリストもいなかったので、イベントで着るのは本人たちの私服です。その日のスケジュールからどんな服を着るかまで、しどろもどろの英語でやり取りをしました。

そして、ヒルトン姉妹が初来日した時は、まだ日本でも米国でも知られていなかった彼女たちを盛り上げるために、いろいろ策を練りました。

本当はお付きの人などいなくて、2人で普通に飛行機に乗ってくるだけです。それなのに、当時の専務の自家用車だったベンツをわざわざ借りて空港へ迎えに行くことにし、いつも私が2人でコンビのように密に連携していた海外事業部の責任者の男性が、黒スーツにサングラスという姿でイヤホンをつけ、SPのふりをして運転しました。

そのイヤホンの先には何もついていないのに、インカムのようにボソボソ話してみたりして。私は、後部座席でヒルトン姉妹に挟まれて移動しながら、営業して回りました。

上野の店舗でイベントをする時も、わざとアメ横の入り口で2人を降ろして歩かせて、

「この前を歩く2人！　えー！　あのセレブ姉妹?!」

と驚いたように大きな声を上げてみたりして。


細かくこだわろうと思えばいくらでもできてしまうのが、プレスの仕事。

あまりに遅くまで仕事をするので、

「帰りなさーい！」

と寺田さんに怒られる。それでも帰ったふりをしてトイレに隠れて、社長がいなくなったらまた出てきて仕事をする、なんてこともありました。

デスクで力尽きて寝落ちしているのを翌朝に見つかって怒られ、

「なんでこんなにがんばっているのに、みんなわかってくれないの!」

と思っていました。

そんな大変な状況だったのに、なぜか悲観的ではなく、常にマグマのようなパワーが溢れてきて、時空を超えて何でもできると思っていました。

気づいたら、1994年創業のサマンサタバサは10倍くらいの規模に成長し、2005年には上場していました。おかげさまで、若い女性から圧倒的な支持を集めるアパレルブランドになったのです。コンビニで延々とカラーコピーをしていた後輩の野原美穂さんは、頼れる戦友のような存在になっていました。

サマンサタバサでは、30歳で執行役員に、33歳で上席執行役員になりました。社員数が多い時で2000人へと増えていく中で、新卒や転職で入社してきた多くの社員を育ててきました。

サマンサタバサは、社員の平均年齢が27歳、94%が女性という会社です。41歳で正社員という働き方を卒業するまでの17年間の多くを、女性たちをマネジメントし、育てて過ごしてきました。彼女たちが生き生きとハッピーに毎日を過ごし、仕事で力を出し切るサポートをするのが私の使命でした。

非常勤取締役となった今でも、私は社員たちのお母さんのような気分です。

さらに、いわゆるパラレルキャリアという新しい働き方を選択してからは、オイシックス・ラ・大地に携わらせていただくことになり、エクスターナルコミュニケーションやブランド向上、若手の成長支援を担う「Special Planner」に加え、従業員の働きやすさを向上させる役割を担う「People's adviser」という役職に就きました。

オイシックス・ラ・大地は、髙島宏平社長が2000年に創業して約20年、「一般家庭での豊かな食生活を実現したい」というミッションに取り組んできた会社です。

食を扱う会社だからというのもあり、社員の65％は女性で、その多くが共働きをしながら育児や介護などに向き合っています。また、この3年弱で2度の経営統合を行い、社員の年齢、職種、国籍、就業場所や働き方も多様化してきました。

この多様性を事業に活かすために、「一緒に新しいチャレンジをしていきたい」ということで、私にお声がけいただいたのです。

こう書くと、バリバリのキャリアウーマンのように聞こえるけれど、もともとの自分はずっと保育士になりたかったくらい子どもが大好きだし、料理や掃除などの家事も大好き。結婚したのも25歳と比較的早かったし、29歳で長男、33歳で長女を出産しました。まさか、自分がこのようなキャリアを築くとは想像もしていませんでした。

そんな私が、この本を書こうと思ったのは、次のような言葉をかけられたり、相談を受けたりしてきたからです。

「女性ばかりだと大変じゃない？」

「なぜ若い女性たちが全然辞めないの？」

「女性部下への接し方がよくわからないんだけど」

ダイバーシティの時代に、男性と女性でマネジメントの方法や接し方を変えるのは、おかしな話かもしれません。

ですが、女性が置かれている状況は男性とまったく同じではありません。改善されてきたとはいえ、依然として男性よりも女性のほうが、結婚や育児などのライフイベントにキャリアが影響されやすいのです。

また、一人ひとりの個性もある一方で、女性には女性としての特性や傾向があるのではないかというのが実感としてあります。そして、それを活かすやり方もあると思っています。

いかに彼女らの「やる気スイッチ」をつけ、モチベーションを持続させ、「いつの間にか仕事に夢中になっていた」という状態を作ってあげられるか。そのためには、ちょっとした「発想の転換」が必要なのではないかと考えています。

ちょうどこの本を書いている現在、新型コロナウイルスが猛威を振るい、多くの人が在宅勤務となり、仕事上のやり取りがオンラインで行われるようになっています。

会社のあり方、そして働き方が大きく変わると予想される中、対面でコミュニケーションできないからこそ、マネジメント力が試される時代になると思います。

幸運なことに、私は会社員人生のほとんどをトップの直下で働いて過ごしてきました。サマンサタバサジャパンリミテッドの寺田前社長、オイシックス・ラ・大地の髙島宏平社長、アミューズの大里洋吉会長……どの方も業界のカリスマと言われる人物です。

彼らは熱い夢と思いを抱き、イチから事業を立ち上げた人たちです。人間的な魅力とリーダーシップを備える彼らから、学んだこともたくさんありました。

こうした貴重な経験を重ねてきた中で、自分なりに考えてきたこと、実践してきたことを本書でお伝えしていきたいと思います。

本書内容に関するお問い合わせについて

このたびは翔泳社の書籍をお買い上げいただき、誠にありがとうございます。弊社では、読者の皆様からのお問い合わせに適切に対応させていただくため、以下のガイドラインへのご協力をお願い致しております。下記項目をお読みいただき、手順に従ってお問い合わせください。

●ご質問される前に

弊社Webサイトの「正誤表」をご参照ください。これまでに判明した正誤や追加情報を掲載しています。

正誤表　https://www.shoeisha.co.jp/book/errata/

●ご質問方法

弊社Webサイトの「刊行物Q&A」をご利用ください。

刊行物Q&A　https://www.shoeisha.co.jp/book/qa/

インターネットをご利用でない場合は、FAXまたは郵便にて、下記"翔泳社 愛読者サービスセンター"までお問い合わせください。電話でのご質問は、お受けしておりません。

●回答について

回答は、ご質問いただいた手段によってご返事申し上げます。ご質問の内容によっては、回答に数日ないしはそれ以上の期間を要する場合があります。

●ご質問に際してのご注意

本書の対象を越えるもの、記述個所を特定されないもの、また読者固有の環境に起因するご質問等にはお答えできませんので、予めご了承ください。

●郵便物送付先およびFAX番号

送付先住所　〒160-0006　東京都新宿区舟町5

FAX番号　03-5362-3818

宛先　（株）翔泳社 愛読者サービスセンター

目次

はじめに　ii

第1章
働く女性の心を読み解く

1-1 女性は「今を熱く」生きたいと思っている　002
1-2 女性社員が9割のサマンサタバサ、急成長の要因は「熱量」だった　006
1-3 そもそもなぜ対女性マネジメントが必要とされているのか　009

第2章
発想の転換で女性のキャリアは花開く

2-1 「5年後のゴール」よりも「今、目の前にある目標」　016
2-2 「成果を出させる」よりも「成長を実感させる」　020
2-3 「離職者を引き留める」よりも「成果を手土産に送り出す」　024

第3章

発想の転換で日々のマネジメントはうまくいく

3-1 「これができていないよね」よりも「こうやればもっとできたね」 034
3-2 「これお願い」よりも「○○のために必要だからお願い」 040
3-3 「苦手を克服しよう」よりも「得意な人を巻き込もう」 046
3-4 「100点を目指せ」よりも「100点をとろうとするな」 051
3-5 「冷静になって」よりも「頭のひきだしを一旦閉じて」 054

第4章

女性が「自分から動く」ようになるリーダーの発想転換

4-1 「グイグイ引っ張るリーダー」よりも「並走型リーダー」 060
4-2 「優秀なリーダー」よりも「熱いリーダー」 067
4-3 「相談に来るのを待つリーダー」よりも「こまめに声をかけるリーダー」 070
4-4 「とりあえず不満を聞くリーダー」よりも「すぐ行動するリーダー」 076
4-5 「トラブル対応から逃げるリーダー」よりも「最後の砦となるリーダー」 080

第5章
新人を即戦力に育てるための発想転換
5-1 「新人は見て学べ」よりも「新人にも出番を与える」 086
5-2 「ミスに気をつける」よりも「ミスを出さない仕組みを作る」 091
5-3 「今どきの若者は……」よりも「若手にしかないスキルを活かす」 102

第6章
ライフステージ別マネジメントの発想転換
6-1 20代は「下積み」よりも「土台作り」 110
6-2 30代は「仕事と家庭のどちらかを優先する」よりも「どちらも欲張りに」 117
6-3 40代は「経験豊富だから本人に任せる」よりも「自分の振り返りをサポートする」 124

第7章
タイプ別マネジメントの発想転換
7-1 チーム構成のポイントは「スキルの配分」より「熱量の高さ」 132
7-2 タイプ別アプローチは「自分の物差し」より「本人の物差し」 136
7-3 サマンサ流アプローチは「みんな同じ」より「みんな違っていい」 141

第8章

ワーキングマザーのサポートに必要な発想転換

8-1 「ママの働きやすさ」よりも「ママを含めた全員が選べる柔軟な働き方」 150
8-2 「いつも大変そうだね」よりも「いつもありがとう」 154
8-3 「ママだから負担を減らす」よりも「何ならできるかヒアリング」 159
8-4 「ママだから担当を外す」よりも「ドタキャン前提でプランBを用意」 166
8-5 「保育園に預けられてかわいそう」よりも「働くママはかっこいい」 171

第9章

すれ違いを生む上司の言い分、部下の言い分

9-1 上司から部下への遠慮が生むすれ違い 180
9-2 言い方のきつさが生むすれ違い 184
9-3 昇進した、しないをめぐるすれ違い 187
9-4 仕事中の雑談はアリかナシかをめぐるすれ違い 191

おわりに 194

第 1 章

働く女性の心を読み解く

1－1

女性は「今を熱く」生きたいと思っている

——男性は頂上に登りたがるが、女性は頂上までの「心揺さぶる道のり」を求める

人はよくキャリアを山登りに例えます。長く険しい道のり、緩やかな道のり、急斜面を登ったり、曲がりくねったり。走って登る人もいれば途中で休む人もいて、それぞれのペースで山頂を目指していきます。

その山登りにおいて、**男性は頂を目指し、いかに高い山を登れるかに闘志を燃やす。一方で女性は、日々登っていく道が心揺さぶるものに溢れていて、それが誰かの心を素敵にできたらいいな、と思いながら歩く。**もちろん仕事との向き合い方は人それぞれなのです

が、これまでたくさんの働く男性や女性を見てきて、そのように思うのです。

女性にとっては、一日一日を一歩一歩のように進み、少しずつ「素敵」を見つけて、気づいたら頂上に着いていた、というのが理想。

そんな女性たちの姿は、のんきなお花摘みをしているように見えるかもしれません。女性は昇進したがらない、上を目指していない、男性のように仕事に熱くない——。そう感じられるかもしれません。

でもそれは、「熱さの種類が違うだけ」だと私はとらえています。昇進を目指してがんばるより、目の前のことをがんばっていたら昇進というごほうびがもらえた、というのを求める女性が多いのです。

女性は、「今を熱く」生きている。そう考えれば、女性たちの仕事への姿勢やモチベーションが読み解けるのではないかと思っています。

——女性の人生は、決断の連続

では、なぜ女性は「今を熱く」生きているのか。それは、女性の人生はいつ何が起きるかわからないからです。

結婚、妊娠、出産、子どもの受験、夫の転勤、親の介護……。女性の人生は、決断を迫られてばかりです。

自分だけでなく、夫や子ども、親など周囲の人に関わる理由で、仕事を続けるか否か、どう続けるかについて、何らかの決断を余儀なくされることが多々あります。

男性だって同じかもしれませんが、女性が男性と決定的に違うのは、出産が人生の選択肢としてあることです。もちろん結婚も出産もしない女性もいれば、たっぷり育休をとったり主夫になったりする男性もいるので、単純な二項対立ではありません。

ただ、自分が見てきた限りでは、「プライベートの充実より仕事が優先！」と言っているような女性でも、じっくり話を聞いてみると、実はいずれは結婚して子どもがほしいと思っていたりします。また、独身でも、子どもがいなくても、家族の介護などさまざまな事情を抱える人もいます。

1週間後には妊娠が判明するかもしれない。急に夫が転勤になるかもしれない。家族が急に介護を必要とするかもしれない。そして、その時にはできる限り家族の力になりたいと思っている。それが女性の現実です。

たとえ未婚の女性であっても、彼氏が急に海外転勤になり、すぐ結婚して一緒についていくために退職する、というのは実はよくある話です。

仕事では他の社員という「代わり」がいるのに対し、家族やプライベートに関わることには、代わりはいません。**仕事を軽視しているのではなく、自分の人生を左右するような決断にいつ迫られるかわからないという思いを抱えながら、仕事に向かっているのです。だからこそ、後悔のない「今」を過ごしたい。**

もちろんすべての女性がそうだとは言いませんが、女性には女性なりの「熱さ」があるということをマネジャーが理解してあげるだけでも、彼女たちの働きやすさは違ってくるはずです。

1－2

女性社員が9割のサマンサタバサ、急成長の要因は「熱量」だった

――圧倒的な熱量で、どんな相手でも味方にする

そんな「今を熱く」生きる女性たちの存在が、組織としての成長にうまく結びついたのがサマンサタバサでした。

サマンサタバサは、私が在籍した17年間で急成長を遂げました。特に、私が入社した2002年から6年間で、売上高が約52億円から約272億円へと5倍以上増加しています。

その成長の理由を分析するとしたら、圧倒的な熱量にあると思っています。

サマンサタバサは、国内外問わず多くのセレブリティを広告モデルに起用してきま

した。

どんなに有名な人でも、国籍が違っていても、立場が違っていても、みんな同じ人間です。相手がグラミー賞歌手であっても、何をしてほしいのか、何を望んでいるのかを必死に考え、行動していると相手の心が動く。その信念のもと、「ここまでやるのか」というほど熱を注ぐのがサマンサタバサの女性たちでした。

まずは、そのセレブが登場している本や雑誌にすべて目を通します。今ハマっていることは何か、最近食べておいしかったものは何か、どんな映画が好きか、何色が好きか。

そうやって集めた情報や、本人の風貌やファッションから、どんどん連想していきます。

どんな食事を用意するか、移動中にどんな音楽をかけるか、どんなホテルに宿泊してもらうか、どんなプレゼントを用意するか、休憩中の雑誌や飲み物を何にするか。すべて入念なリサーチをした上で、真剣に考えて用意します。

空港にお迎えに行く際は、スタッフ全員が爪の先から当日のファッションまで、その人に喜んでもらえる姿に変身します。

ご本人がアーティストで、例えば最新アルバムのジャケットに星のモチーフが使われていたなら、イベント会場を星のモチーフで飾る。ご本人がメガネ好きを公言していたら、スタッフ全員でメガネをかけてお出迎えする。

私たちの熱が伝わって、どんな大物のセレブでも次第に距離が縮まり、信頼関係が生まれて、いい仕事ができます。

今まで数々のそうそうたるセレブを起用してきましたが、一度もドタキャンされず、いい結果を残せているのは、この信頼関係から来ていると思います。

ちょっと過剰だと思われるかもしれませんが、サマンサタバサの女性たちはこうして走り続け、結果を出し、その過程で成長し、成長したことで喜びを手にしてきました。

20代の若い女性たちが大半を占めるのに離職率がきわめて低かったのも、サマンサタバサ自体が急成長を遂げたのも、原因は女性たちがその「熱さ」を存分に発揮できたからだと思っています。

1－3

そもそもなぜ対女性マネジメントが必要とされているのか

女性の活躍で、GDPは7兆円アップ

ここまで、働く女性が「今を熱く」生きていること、そしてその「熱さ」がサマンサタバサの急成長と結びついたことをお伝えしてきました。

そんな女性たちをマネジャーはどうリードしていけばいいかというお話をする前に、そもそもなぜ対女性マネジメントが必要とされているのか、考えてみたいと思います。

人口の半分は女性だから、というのが最もシンプルな答えです。**半数が女性なら、女性が生き生きとハッピーに働ける方法を考えるのは当然のこと**だと思うのです。

2030年には644万人の人手不足に

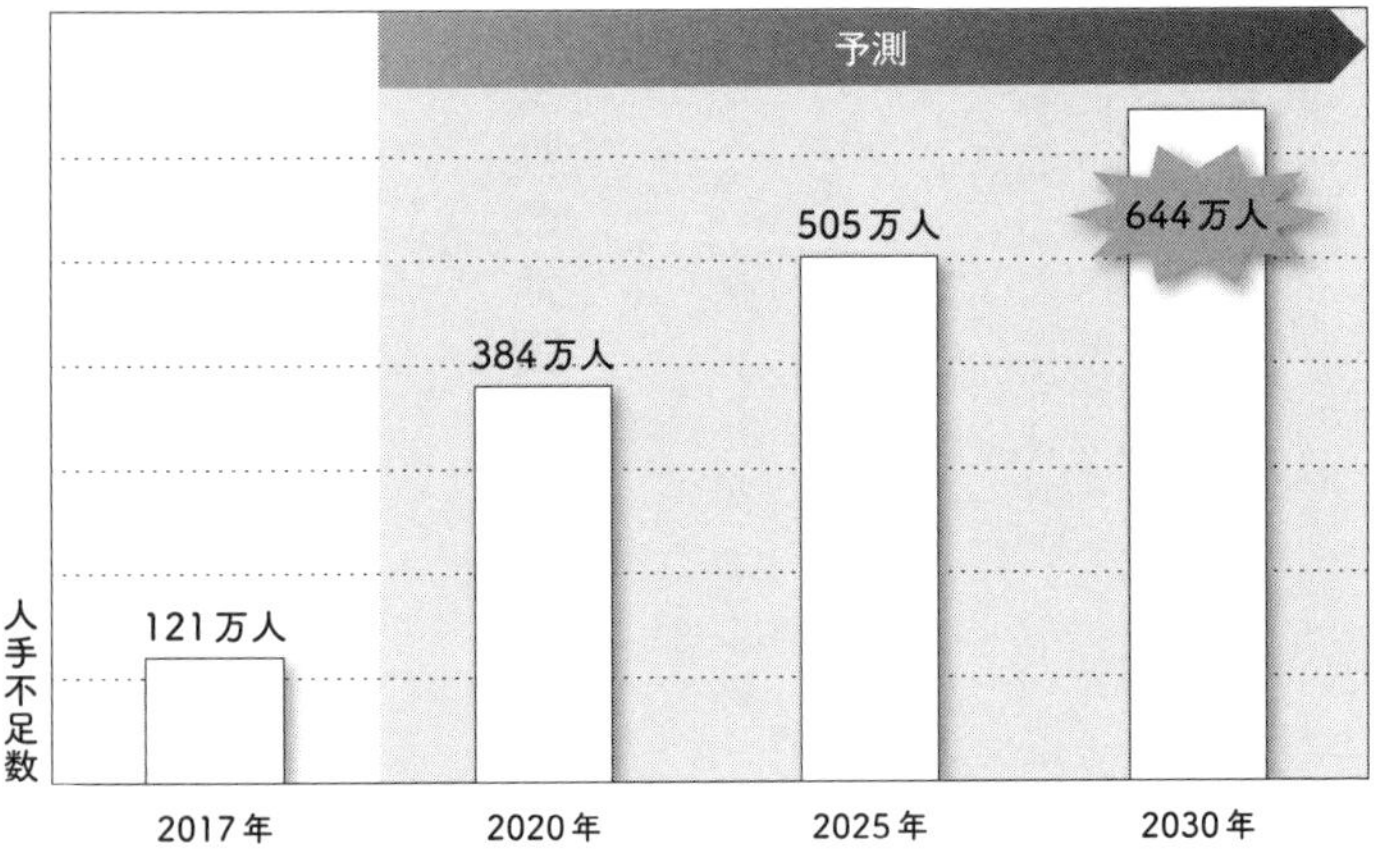

※パーソル総合研究所・中央大学「労働市場の未来推計2030」（2019年3月）より

総務省統計局によると、女性の就業率は２００９年の46・２％から２０１９年には52・２％に上昇しています。働く女性は増える一方なのです。

というのも日本は今、未曾有の労働力不足の時代を迎えています。２０３０年には、７０７３万人の労働需要に対して供給できるのは６４２９万人程度だと言われています。つまり、６４４万人もの労働人口が不足するわけです（パーソル総合研究所調べ）。

この人手不足を解消する上で大きな役割を担うのが、女性たちです。

この調査によると、女性の就業率が25〜

49歳の間に低下する「M字カーブ」が解消されれば、**102万人の労働力が補われる**そうです。

内閣府の男女共同参画会議が予測したところによると、**働く意欲がありながら就業していない女性が働くことで、GDPを約1・5%も押し上げる効果が期待できる**そうです。これは約7兆円に相当します。

人手不足を解消するために働き盛りの女性の離職を防ぐことが求められていて、実際に職場の女性は増えている。だからこそ、対女性マネジメントが必要とされているのです。

――あまりにも少ない日本の女性管理職

また、経済産業省の統計によれば、**日本の就業者に占める女性の割合を見ると、英国やフランス、米国やスウェーデンなどの欧米先進国と大差ないものの、管理職の女性比率となると一気に下がってしまいます。4国が33〜43%であるのに対し、日本は13%。役員に至っては、3・7%と1桁台**です。

日本では、管理職や役員に占める女性の比率が低い

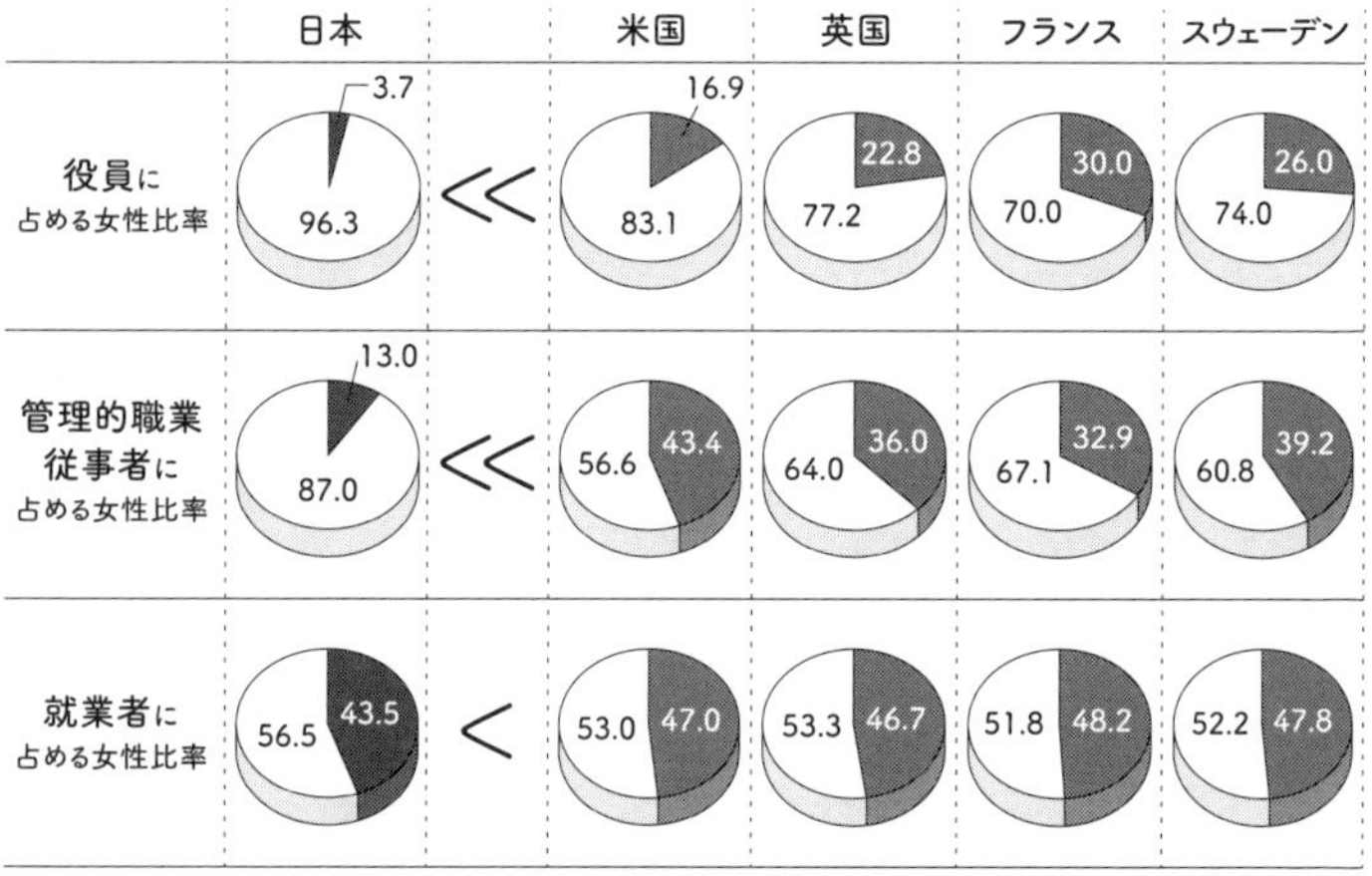

※経済産業省「女性活躍に向けた経済産業省の取組」（2018年5月）より
※グレー部分が女性の比率

30歳から執行役員として仕事をしてきた私にとっても、とても残念な数値です。

海外のスタッフと仕事をすると、女性のリーダーが当たり前のようにいて、しかもワーキングマザーだったりします。それは特別なことではないので、日本の現状を見るとまだまだだなという思いはあります。

しかし、単に女性の採用を増やすだけ、女性を名ばかりの管理職に昇進させるだけでは問題が解決しない。きっとみなさんが実感していることだと思います。

「採用を増やしてもすぐ辞められてしまう」

「女性の管理職比率を増やせと言われているけれど、そもそも本人たちが昇進したがらないし」

という声もよく聞かれます。

女性の離職者を減らしたり管理職を増やしたりするためには、制度面で整えなくてはならないこともたくさんあります。

しかし、それに関しては制度の専門家が書いている他の本に譲るとして、本書では、女性が「仕事を辞めたくない」「管理職をやってみたい」と思うほど仕事に夢中になる〝スイッチ〟について、そしてそのために必要な発想の転換について考えていきたいと思います。

第1章まとめ

◇

男性は頂を目指すけれど
女性は一歩一歩の道のりに
心動かすワクワクを日々見つけながら進んでいく。

◇

女性は「今」に100%を捧げる。
明日は何があるかわからないから、
目の前のことに全力投球。

◇

相手が誰であっても、
熱が伝われば心が動く。
結果を出せれば、次につながる。

第 2 章

発想の転換で女性のキャリアは花開く

2－1

「5年後のゴール」よりも「今、目の前にある目標」

――先のことを聞かれると苦しくなる

アパレル業界は、半年以上先の流行を予測して商品の準備をします。たいてい春夏の展示会が11月、秋冬の展示会が6月に行われるのです。

でもそんな業界に慣れた私でさえ、まだ春なのに「今年のクリスマスの施策を考えて」と言われると、精神的にとてもきつくなります。クリスマスになってもまだ仕事を続けているつもりでいても、いつ何が起こるかわからない。

それが若い世代だったらなおさらだと思います。

「5年後のキャリアプランをどう考えているの？」と言われたら、「彼氏と結婚するかもしれないし、しないかもしれない」、「子どもが生まれているかもしれないし、いないかもしれない」、「転職しているかもしれないし、していないかもしれない」と悩むでしょう。

男性は、今がんばっている方向の先に道が開けることをイメージする一方で、女性は今がんばってもその先に違う道が待っているかもしれない。

だから**先のことを聞かれても、女性は苦しくなったり、「重い……」と感じたりしてしまう**のです。

てっぺんを目指している人に比べ、必ずしもてっぺんを目指していない人は、ともすれば腰掛け気分で働いているように見えたり、やる気や意欲が低く感じられたりするかもしれません。

それは人生における仕事の優先順位が低いということではなく、一瞬一瞬を大事にしようという意識の高さの表れだと、私は受け取っています。

先のことを問い詰めて窮屈にさせてしまうぐらいだったら、今がんばってもらったほうがずっといいと思うのです。

マネジャーがそういう発想でいたほうが、女性スタッフのキャリアサポートがうまくいったりします。

――必ずしもてっぺんを目指さなくてもいい

では、必ずしも頂上を目指していない女性たちを、どうリードしていけばいいのか。

「自分はどうなりたいの？」「どんなキャリアを築きたいの？」

と聞くより、

「今、何をしたい？」「今、何ができるようになりたい？」

と声がけする。

「大丈夫、大丈夫。苦しかったら山頂まで行かなくてもいいけど、もうちょっとだけ進んでみようか」

と、必ずしもてっぺんを目指さなくてもいいということを伝える。

すると、彼女らはまた一歩一歩進んでいけます。そしてその歩みは、意外としっかりとしたものです。

そういうわけで、私は女性スタッフと今後のプランを話す時、**どんなに先でも半年後くらいまでしか聞かない**ことにしています。

「この仕事でどんなことができそう？　何をがんばってみたい？」

と、**目の前のことから目標を立てていくこと**を大切にしたいです。

大きな目標や目的がなくても構わない、と私は考えています。それがないからこそ、今の環境に感謝して、とにかく今をがんばりたい。そう感じる人も多いのです。

2 - 2

「成果を出させる」よりも「成長を実感させる」

―― 成長を言葉にして一緒に喜ぶ

では、女性たちの「頂上までの道のり」をキラキラさせるのは何でしょうか。

やりがいのある仕事、人の役に立てること、楽しい仲間など、いろいろ考えられますが、私が重視しているのは「**自分が成長できているという実感**」です。


前回の仕事より何か一つできることが増えていたら、それは前進している証拠です。

「この前は手配に困っていたけれど、発注のやり取りがすごくスムーズにできるようになったよね。進んでいるじゃない！」

と言葉にして、ちゃんと本人に成長を気づかせ、一緒に喜ぶようにしています。

マネジャーとしてはもちろん「成果」を上げさせたいけれど、ちょっと発想を切り替えて、「成果」より「成長」を軸にサポートしてあげれば、本人にとって「成果」までの道のりが充実したものになります。

ハードルは少しだけ高く

一つ大事なのは、**少しだけ高いハードルを用意してあげる**こと。

「あなたにとって、もうちょっとだけ高いハードルってどんな感じ？」

と本人に聞くこともあります。

その人によって答えは違うでしょうが、自分が課題としていることは大体気づいているはずです。もしすぐに思い浮かばなくても、自分に近い上司や先輩の仕事を見ていたら、次に越えたいハードルが見えてくるかもしれません。

取り組めそうな課題が出てきたら、

「じゃあ、次はこれを跳び越えてみようか」

と、目標を一緒に設定します。

それでも何も思い浮かばないようなら、現在取り組んでいる、またはこれから取り組むプロジェクトに対して、目標を一つずつ一緒に考えていきます。

少しずつ小さなハードルを設定しては、飛び越えるのを見届ける。それを繰り返していくうちに、いつの間にか高いハードルを乗り越えられているものです。

――マネジメントと子育ては似ている

子育てでも、

「あの時、初めて跳び箱を跳べたよね」

「自転車に乗れたよね」

など、言葉にして一緒に振り返ることで成長を確認したりしますよね。

それと同じで、スタッフ全員の成長ドラマの瞬間を、私はよく覚えています。何かの折にそういった瞬間のことに触れて、

「1年前は、あんなに低いハードルで泣いていたよね。もう笑い話だけど、今はこんなに高いハードルをスッと跳んじゃっているじゃない！」

と、本人と笑いながら語り合ったりします。

越えられそうになかったけれど越えられた過去のハードルの一つひとつを、一緒に振り返ってあげれば、本人の自信になります。

一歩一歩を大切にして働いている人にとって、重要なのは自分が前進しているという実感なのだと思います。

2 - 3

「離職者を引き留める」よりも「成果を手土産に送り出す」

――「ここでしか生きていけない」若者はもういない

どんなにマネジャーが優れていて、スタッフが活躍できる環境を用意できていても、辞める人はいます。

個人的には、ネガティブな理由でなければ入れ替わりはあっていいと思っています。

こんなにライフスタイルやキャリアが多様になっている時代です。昔より可能性が広がっている中、「この会社でしか生きていけない」と思っている若者は、もはやあまりいないですよね。

例えば、Instagramがあれば一人でマーケティングもできるし、ショップスタッフであれば接客力を活かして、インスタライブをしながら商品をEC販売したり、自ら発信者となってインフルエンサーとして活躍することも可能になっています。

だからこそ、前向きな理由で新しい挑戦をしたいと言うなら、私は止めません。転職や退職は本人の判断なので、無理に「続けたほうがいいよ」と言うのは意味がないですよね。

衝動的に辞めようとしている人には、「今」を乗り越える力をあげる

ただし、**「辞めたい！」という言葉が、業務のつらさや負担など一時的な理由からきている衝動的なものなのか、悩みに悩んだ末に自分で決めたことなのかは、きちんと見極めなくてはいけません。**

目の前のことでつまずくと、「もう無理！」と、すべてに対してキャパシティオーバーになってしまう人もいます。**衝動的に辞めたいと言っているなら、一緒に冷静に考えてみます。**

「ぶっちゃけ会社なんて、役員の私でもいなくても回るの。だから、代わりはいくらでもいるんだよ。私じゃなくても、あなたじゃなくても、仕事は回るよ」

とはっきり言ってしまいます。

「でも、クライアントとの窓口があなただったからこそ、今までこういう人間関係ができて、プロジェクトがうまくいった。私はあなたが会社にとってすごく大切な存在だと思うけど、本当に辞める？」と話します。そうすると、一旦冷静になれる人が多いです。

私はよくインタビューなどで、

「世永さんなんて、仕事を辞めたいと思ったことはないんじゃないですか？」

と聞かれることがありますが、

「もうしょっちゅうです！　昨日も思っていました（笑）」

と何度も答えています。

サマンサタバサでの現役時代、仕事で壁にぶつかったり、悩んだりすると、「もう無理！」と思って何度も当時の社長の寺田さんに半泣きで訴えていました。

でも、話しているうちになんとかなりそうな気がしてくるのです。そして、寺田さんに、「とりあえずやってみたら？　それでダメだったらまた相談に乗るからさ」と言われて、気づいたらまた仕事に向かい、少し経ったらその壁も乗り越えていたりしました。そのおかげで、ここまで来ることができたと思っています。

だからこそ、私もそうやって駆け込んでくる女性たちに、

「大丈夫、大丈夫。とりあえず今、目の前にあることだけやってみようか？」

と言葉をかけます。

――前向きな巣立ちなら、語れるものを持たせてあげる

一方で、前向きに飛び立つ人たちを止めることはしません。新しいスタートを切ろうというポジティブな決断ならば、きっとそれは良い幕開けだからです。

そうして**スタッフが飛び立っていくなら、その前に、何かしら「語れる経験」をしっかり持たせて送り出す**ようにしています。小さなチームのリーダーを務めた話でもいいし、

お客さんに喜ばれた話でもいい。そこにその人のがんばりや工夫、努力から得たものがあるからです。

逆に言えば、語れる経験が何もないうちに送り出すのは、マネジャーとして無責任にも思えます。

私はサマンサタバサにいる間、中途採用でプレスを志望する人の面接に立ち会ってきました。相手が転職者なら、やはりこれまでの経験について聞きます。**肩書よりも、どんなことができる人なのか、何に情熱を持てる人なのかを知りたいから**です。

しかし、実際に面接をしていると、自分が何をやってきたのか話せない人が多くいることに衝撃を受けました。

何の仕事をしていたかなら言えるけれど、具体的にどんな経験をして、それが自分にとってどんな意味があって、どう成長することができたかなど、うまく言葉にできていないのです。

私自身、サマンサタバサで働いた17年間には大変なこともたくさんありましたが、私が就職活動する側になったら、語れることがありすぎるほどです。

――チームを離れても、どこかでがんばっている

私自身、サマンサタバサの正社員としての立場から卒業し、新しい働き方を選ぶと決めた時も、寺田さんは止めませんでした。2人で何時間も話し、とても前向きな話ができました。

また、新卒で入社したアミューズという芸能プロダクションを退職した時のこともよく思い出されます。

アミューズでは、まだ新入社員研修の途中だというのに、私は大里洋吉会長が始めたプロジェクトのメンバーに入れてもらっていました。ただ、2年目にいろいろ社内の体制が変わり、若気の至りで飛び出すように転職してしまいました。それでも大里会長は、当時まだ24歳だった私のために時間を割いて、話をする時間をくれました。

それから6年後、当時のメンバーとの同窓会で会長に再会した時、私は涙ながらにこう

話しました。

「あの時は、若気の至りでみなさんの気持ちを踏みにじって、生意気に飛び出して辞めてしまったことを謝りたいです」

するど、会長はこう答えてくれました。

「強い思いのある若者の気持ちを活かしてあげられなくて悪かったな。お前が本当にがんばっていたのは、いろいろなところから聞いていたよ。サマンサでの活躍はずっと見ていたし、うれしく思っていたよ」

大里会長は、自分の会社を辞めた私のことまで心配し、遠くから見守ってくれていたのです。

メンバーが退職してチームから離れてしまうのは寂しいですが、**どこかで新たにがんばっている仲間であることには変わりない。だからこそ、そこでがんばるための〝手土産〟を持たせて送り出してあげたい**ですね。

第2章まとめ

◇

将来の話は、長くても半年先まで。
だからこそ今どんどん跳べるハードルを用意する。
すると、彼女たちは少しずつ進んでいける。

◇

てっぺんを目指していない女性には
「今何をしてみたい？」と聞く。
そして期待をさりげなく伝えておく。

◇

来た道を振り返り、
成長できたことを一緒に喜ぶ。
小さな成功体験が彼女たちの自信になる。

衝動的か計画的か、退職の相談で見極める。
衝動的なら今を乗り越える力を
計画的なら次への手土産を授けよう。

第 3 章

発想の転換で日々のマネジメントはうまくいく

3－1

「これができていないよね」よりも「こうやればもっとできたね」

――失敗は、熱量が高いからこそ

女性だけに限った話ではありませんが、何か失敗した時やうまくいかなかった時、たいていの場合、最も自分を責めているのは自分自身です。

だからこそ、私はマネジャーとして、「怒る」ことは絶対にしません。

私と一緒に働いたことがあるスタッフは、「世永さんが怒っているのを見たことがない」「怒られたことがない」と言います。

怒らなくても、本人が一番よくわかっている。高い熱量でがんばっていたからこそ、失敗が生まれてしまっているはず。私はそう考えることにしています。

まずは本人を個別に呼びます。**褒める時は人前で、注意する時は1対1で。**これが私の原則です。

そしてダメ出しをする前に、必ず本人の話をちゃんと聞いた上で、できている部分にまず目を向けて肯定します。「これができていないよね」「ここがダメ」と言う前に、「ここがすごいね」という肯定から入ります。何かしら良かった点は必ずあります。

その上で、「これができていないよね」という言葉を、「ここはこうやればもっとできたね」という提案に切り替える。

否定より肯定から始めることを大切にしています。

もちろん、言い訳に走ってしまう人も中にはいます。強がって、なかなか非を認められない人もいます。

そういう場合は怒りたくもなるかもしれませんが、何がどういけなかったのかを一緒に確認するのを面倒がらないことが大切です。

よくあることですが、社内で共有してから取引先に流すはずだった情報を、先に先方に

流してしまった時、

「でも、先に流せば先方の反応がわかるから、そのほうがいいと思ったんです」

と返してきたとする。その場合、私ならこう整理します。

「もう一度この流れを確認しよう。相手に流して反応を見るというステップは私だったらやらないかな。結局またこちらで共有して練り直すことになるから、もっとシンプルにゴールに持っていけたと思うよ。だからね、最初にこういう流れにしようって決めたんだよ。次はそれでやってみてくれる？」

「なんで勝手にやったの⁉」と責めても、本人は何も学ばないし、負の感情が生まれるだけです。


管理職に就いている知人から、よくこんな相談を受けます。

「何回言っても新人がちゃんとできないんだけど、どうしたらいいと思う？」

私は自分のスタッフに対して、「なんでいつまでたってもできないの？」と思うことはめったにありません。

何度教えてもできないのであれば、それは伝えるほうが悪いのだと私なら考えます。その新人は、何が問題点なのか気づけていないのです。

それを気づかせる作業をその都度繰り返したほうが、本人の成長にもつながり、長い目で見ればリターンの大きい投資になるのです。

――やることすべてに「さすがだね」「すごいね」

私がこういうマネジメントをするようになった原点は、実は私の母にあります。

80歳になった母は、その時代の女性には珍しく高学歴で、ワーキングマザーでした。

戦後、6人きょうだいで育った母は、親同士の約束のもと、小学校4年生の時に養女に入ったそうです。急に一人っ子になった母は、勉強や読書に没頭し、寂しさを紛らわしていたようです。社会人になってからはPR会社で働いて、当時としては遅めの37歳で私を産みました。

私が2歳の時のこと。いただいたプレゼントの包装紙をビリビリと破いて開けたことを注意された私は、泡を吹いて失神してしまったそうです。両親はかなり慌てたらしく、私はそれ以降、私はほぼ叱られることなく育てられました。

母の「怒らない育児」はそんな偶然から生まれたものですが、とにかく子どもである私たちの気持ちに歩み寄って接してくれていました。とてもクールな母親で、成人式の時も、使い捨てカメラで適当に数枚撮ってくれた程度。そういう表面的なことをするより、私をしっかり見ていてくれたのです。

私がやることすべてに対し、「さすがだね」「すごいね」「幸せだね」「ありがたいね」と常に肯定して賛成し、応援してくれました。

私という存在を肯定し、尊重してもらって、今に至る気がします。

なので、まずは肯定から入り、本人の話をじっくり聞いた上で、次にどうすればいいのかを一緒に考えることにしています。

そして最後は、明るく終わること！

「もう、この失敗は一緒に東京湾に飛び込むレベルだね（笑）。次に期待してるからね」

と笑って一言。そして、**また次の目標に向かうようチームの士気を高めるのが、マネジャーの役割**です。

3－2

「これお願い」よりも「〇〇のために必要だからお願い」

――コピーを頼む時も意味を説明する

第1章で、仕事を登山に例えると、女性は頂上に到達することよりも、その道のりを大切にするという話をしました。

それは、一つひとつのタスクやプロセスに意味を求めることにも表れています。私の場合、たとえコピーを頼む時でも、

「これコピーして」

の一言では終わらせないようにしています。

どんなに小さな仕事にでも意味がある。それをきちんと本人たちに意識してもらえるよ

うに伝えます。

「この資料は、こういう会議に使うんだけど、こんなことを説明するのに必要だから、こうやってコピーしてくれる？」

と頼むようにしています。**単純な入力作業など、つまらなく思えても、誰のために、何のためにやっているのかを知るだけで、それは意味のある作業に変わります。**

余談ですが、私は役員会議などでよくお茶汲みをしたりします。決してやらされているわけではありません。むしろ、「そんなことをやらせてしまってごめん」と男性たちから謝られたりします。

ただ、普段から家事をやっている自分のほうが、やらない人よりはおそらく得意だし、お茶汲みから気づくことがたくさんあり、一つのコミュニケーションだから好きでやっているのです。

お茶を出すと、その様子を見て声をかけてくれる人や、後でお礼を言ってくれる人がいたり、熱いお茶が好きな人などその人の個性が見えたりします。単純な作業でも、そこから会話に発展したり、何かのきっかけになったりします。

最近では、お茶汲みを嫌がる女性は多いと思います。それは、女性従業員がお飾りとしてしか見られていなかった時代に押しつけられていた役割であり、「そんなことはやりたくない」と思うのは当然かもしれません。

でも、そこに意味が見出せるなら、伝統的な女性の役割をあえて拒否しなくてもいいのではないかと思っています。


スタッフの中には、よくこう聞いてくる人がいます。

「このプロジェクトはやる意味があるんですか？」

「私ってこのプロジェクトに必要ですか？」

こうした質問が出てくるのは、**自分の仕事や役割がどこへつながっているのかを気にしているからです。**その道のりが決して無駄ではないことを知っておきたいのだと思います。

――「なんとなくわかるだろう」は通用しない

仕事を頼んだら「はい、やります！」と即答してもらえたほうが、上司はうれしいかもしれません。いちいち説明を求められるのは、わずらわしく感じるかもしれません。

ただ、**これからは、さまざまな国籍やバックグラウンドの人と共に働くダイバーシティの時代**です。同じ日本人ばかりの職場でさえも、一人ひとりが育った環境や受けた教育、性格や考え方もみんな違うのです。

「なんとなくわかるだろう」

「言わなくても察して」

というのは通用しなくなります。面倒くさがらずに、説明していく習慣をつけないと、チームが回らなくなるかもしれません。

説明しても納得してもらえない時

ただ、仕事の意味を丁寧に説明しても、人によってはなかなか納得してくれない場合もあるかもしれません。

そんな時によく投げかけるのが、この質問です。

「私の目で見てみて。どうすると思う？」

これは実は、サマンサタバサの社員だった17年間で、当時の社長の寺田さんに何百回、何千回と言われた言葉でもあります。

「俺の目になって考えてみて」

会社の経営者である寺田さんだったらどう思うか。

この一言で、一旦冷静になり、客観的に考えられるようになります。そして、自分とは異なる、経営的な視点に立つことができます。

自分の目線では納得できなくても、視野を広げると、今まで気づかなかった意味が見えてくるかもしれません。

そして、後で一緒にしっかり振り返りをすることも大切です。意見のぶつかったプロジェクトや取り組みなら、なおさらです。

「最初は納得できない部分もあったけれど、やってみたらうまくいったね。やっぱりこれで合っていたんだね」

こうした振り返りを重ねることで、全体像も、その中での自分の役割も、次第に見えてくるようになります。

3－3

「苦手を克服しよう」よりも「得意な人を巻き込もう」

──苦手なことは無理にやらせない

誤字脱字が多い、スケジュール管理が下手、数字に拒否反応を示してしまう……。人間誰しも、苦手なことがあって当たり前です。

私自身、苦手なことはいろいろあります。

まず、サマンサタバサに転職後1カ月でニューヨークに出張し、ヒルトン姉妹とのイベントを担当した時に痛感したのが、英語力不足です。

今では普通に現地のスタッフやセレブたちとコミュニケーションをとり、撮影やイベントはこなせるくらいになりましたが、当時は姉妹に伝えたいことが伝えられないのが悔しくて悔しくて。忙しくて仕事の前や後に時間がとれなかったので、会社があったビルの1階のカフェで、ランチタイムにこっそり英会話のレッスンを受けていたくらいです。

苦手なことは他にもあります。3年、5年先のプランニングをすること。数字と論理で物事を決めていくこと。

こういった苦手なことをがんばって克服させ、自分でできるようにするのがマネジメント、という考え方もあるかもしれません。

でも個人的には、苦手なことを無理にやらせなくてもいいのではないかと思っています。**苦手なことを無理にやるより、困った時に人に助けを求められることのほうが大事**だと感じるからです。

それに、全員がオールマイティに何でもできる必要はありません。会社にさまざまな人がいるのはそのためです。

女性はつい自分一人でがんばってしまうところがあるので、周りに「助けて」と言えるようになってほしいと思うのです。

なので、本人の得意なことと苦手なことを早めに見つけ、「あなたはこういうことが苦手だよね」と認識させ、共有するようにしています。

「私、文字校正が苦手なんです」という人には、

「はい、得意な人を巻き込みましょう！」

とよく言います。

大事なのは、「自分にとって苦手なことを恥ずかしげもなく言える」力。苦手なのに抱え込んでしまっては、仕事の場合は手遅れになることもあります。

ただ、まずは自分で努力してみるのが大前提です。その上で、

「こういうことは苦手なので、念のため一緒に確認してもらえますか？」

と得意な人に頼むようにしてもらいます。

得意な人には、その秘訣が何かしらあったりします。だから、得意な人と組むことで学ぶことも多いのです。

――苦手なことを成功体験に変える

そして、**本人が少しでもできるようになったら、きちんと言葉にして褒める。**そうすれば、本人は成長を実感できて、苦手意識も改善していきます。

「苦手だから、自分一人でできなかった」ではなく、「他の人にヘルプを求めることができた」「得意な人からやり方を学べた」という発想に切り替えれば、苦手なことを成功体験に変えることができます。

私自身、何も特徴や特技がないタイプだと思っています。だから、人より努力すること以外は何も才能がないと思って、一生懸命仕事に取り組んできました。

一生懸命やって褒められると自信になり、そして身についていく。そうやって周囲に育ててもらいました。だからこそ、そのサイクルをスタッフにも作ってあげたいのです。

昨日よりも今日、できることが増えていたら、それは褒めるべきポイントです。他の人なら当たり前のようにできることでも、苦手な人にとっては大きな壁なのです。だからこそ、少しでも前進できたら褒める。助けを求めて改善に向かうことができただけでも褒める。

すると、「やって良かったこと」としてインプットされて、身についていくはずです。

3－4

「100点を目指せ」よりも「100点をとろうとするな」

自分は、周囲に思われているほど能力が高いわけではない。まるで詐欺師のように人をだましているようだ――。

このような自信のなさに悩まされることは「インポスター（詐欺師）症候群」と呼ばれ、成功している女性ほどかかりやすいと言われています。ミシェル・オバマ元大統領夫人や、フェイスブックのシェリル・サンドバーグCOOも、この症候群に悩まされたと告白しています。

一般的に、自己肯定感が低い人は女性に多いと言われます。男女の自己肯定感の違いを示す例えとして、男性なら、ある求人広告の募集要件を30％程度しか満たしてなくても自信を持って応募するのに対し、女性は70％程度を満たしていても「自分は要件に足りていない」と応募を断念する、という話があります。

女性が、自分にできることでも「できます！」と言い切れる自信をなかなか持てないのは、日本だけでなく世界的にも女性活躍のハードルの一つだとされています。

女性の自己肯定感が低い背景には、つい完璧を求めすぎてしまうことがあるように思います。

サマンサタバサでの現役時代、いつも寺田さんには、

「１００点をとろうとするな」

と言われていました。

実は当時、「なんでそんなことを言うの？」「がんばっているのにひどい！」と思っていました。

仕事においては、１００点を目指すよりも、70点をたくさん作ったほうがいい場合もある。リーダーが１００点を目指すあまりにスタッフがつらくなってしまったら、絶対にうまくいかない。仕事には１００点を目指すべきものと、70点が正解のものがある。それが、寺田さんの持論でした。

当時はあまり意味がわからなかったのですが、年齢と経験を重ねるごとに、「確かにそうだな」と思えるようになりました。例えば、5人チームのうち1人だけ100点で残り4人が50点という場合と、5人がそれぞれ70点という場合、後者のほうが合計点は高いわけです。

つい完璧を目指してしまう女性には、「100点を目指さなくてもいい」と伝えたいです。

そして、自分から「できます！」となかなか言えない女性には、**「この役割、あなたにはできると思うよ。とりあえずやってみよう」とマネジャーが少し引っ張ってあげることも大事**なのです。

3－5

「冷静になって」よりも「頭のひきだしを一旦閉じて」

――頭のひきだしを自由に開閉する

何か小さなトラブルに引っかかった時、すべてを投げ出したくなって駆け込んでくる人がいます。

「あーーーどうしよう！　あれもこれもダメ。もう仕事辞める！」と。

そうやって駆け込んできたスタッフには、少し落ち着く時間をあげます。

「まず、一緒に深呼吸しようか。スーハースーハー。ほら、大丈夫。こんなことでは死なないから」

そして、「頭のひきだし」という発想で、一緒に状況を整理していきます。

「今、頭のひきだしが全部開いているでしょ？　時間をあげるから、1回全部閉じてみて」

すると本人は、パニック状態から徐々に落ち着きを取り戻し、開ききった頭のひきだしを思い浮かべます。深呼吸し、一つひとつ閉めて、「はい、全部閉まりました」と言ってくれたら、

「じゃあ、今回のプロジェクトのひきだしだけ、ゆっくり開けて。何が問題になっているの？」

と聞いてみる。問題が見えてくれば、

「何から取り組もうか？　書き出してみよう」

と、文字化して一緒に優先順位をつけていきます。

途中で別の問題に気持ちが向かってしまったら、

「あ、そのひきだしは閉めておこうか」

とストップしてあげる。こうして言葉にしていけば、一緒に問題を整理してあげられます。「冷静になって」「落ち着いて」と言うより、よっぽど冷静になれるし、落ち着けるので、よくこういう伝え方をしています。

私も新人の頃はなかなかできませんでしたが、今では、その時に応じて頭を切り替えることができます。ある問題について、「これは後で取り組もう」と頭のひきだしに一旦しまい、またその時が来たら開けるということが得意になりました。

後に紹介する、ノートによるスケジュール管理術もその下地を作るのにとても役に立ったので、ぜひ参考にしてみてください。

これは、仕事と家庭の間の切り替えにも役立ちます。家族と過ごしている間は、家族に集中したい。でも、仕事の懸案事項がどうしても気になってしまう。

そんな時には、仕事のひきだしをスッと閉めます。

社会人、母、妻など、さまざまな役割の間で切り替えを求められる女性にこそ、頭のひきだしを活用してほしいです。

第3章まとめ

◇ 苦手なことは自覚が重要。
得意な人と組ませて
互いに補えるのが会社の良さ。

◇ コピー、お茶汲み、小さな仕事は、
なぜそれが必要か伝えられなければ
男性でも女性でも意味を見出せない。

第４章

女性が「自分から動く」ようになるリーダーの発想転換

4－1

「グイグイ引っ張るリーダー」よりも「並走型リーダー」

――登山隊長より一緒に歩く応援団長

再びキャリアを山登りに例えると、私が考える**マネジャーというのは、いわば登山者の応援団長のような存在**です。

マネジャーが登山隊長になって、「こっちへ来い」と引っ張っていく時代ではないと考えています。それはなぜか。

企業は、これまで成功してきたやり方が、通用しなくなっているのを痛感させられています。過去の延長上をそのまま歩んでいては生き延びられません。

そうした中、トップが決めたことを現場が実行に移す、というトップダウンの経営はもはや成立しなくなっています。企業のビジョンやミッションでさえ、いまやトップダウンではなくボトムアップで決めることが唱えられている時代です。

こうした中、メンバーをグイグイ引っ張っていくタイプのリーダーが有効だとは思えないのです。

私が考えるリーダーやマネジャーとは、**何かを指示する人や管理する人ではなく、メンバーの能力を引き出す人**です。**メンバーの成長や幸せを心から喜べる人。一緒に笑って、泣ける人。一緒に目標を立てて、それに向かって進む人。**そのようにとらえています。

「大丈夫、大丈夫、大丈夫」とメンバーに声をかけながら並走するリーダーこそが今、求められているように思います。個人的には、「上司」「部下」という区切りにこだわることが、すれ違いを生んでいると痛感することが多いです。なので、私は部下と思ったことや言ったことはなく、共に働く仲間、メンバーと常に意識して仕事してきました。

子育てと同じように、自分への見返りを求めず、本人が成長してくれること自体がうれしい。それがメンバーに伝わり、相手の心を動かすのだと信じています。

―――「指示」より「目線合わせ」

私がスタッフと打ち合わせをする際に注意しているのは、なるべく上から下へ「指示」するという形をとらないことです。というのも、スタッフを「率いる」というより、スタッフと「並走する」ことを意識しているからです。

つい夢中になり、こちらが一方的に話してしまわないように気をつけます。できるだけ簡潔に趣旨を伝えて、あとはどう進めていくのか「目線合わせ」をしていきます。

そうしていると、自分とスタッフの間で目線のズレを感じる瞬間が出てくる。何か違和感を覚えたら、それを見逃さずに拾います。

上から下へ指示するのではなく、本人に考えてもらって、目線合わせによって軌道修正をする。小さなズレは早めに察知し、すり合わせていく。

そして、実際はこちらからお願いすることであっても、自分ごととしてとらえてもらう。

そうすることで、本人がより意欲的に仕事に取り組むようになります。

相手が小学生でも意見を尊重する

サマンサタバサでの17年間、戦友のように共に戦ってきた寺田さんは、まさに並走型リーダーでした。もちろん強烈なカリスマ性と指導力を兼ね備えた存在ですが、それ以上に、自分の考えを一方的に押しつけず、社員の言葉に耳を傾け、成功を自分ではなく社員の手柄にする、並走型リーダーです。

寺田さんは、自分より年下だろうと経験が浅かろうと、誰に対してもフラットに接していました。そして、「すごいね、面白いね」とさまざまな意見を肯定して受け入れるのです。相手が専務でも新入社員でも、小学生でも同じ。年齢も性別も国籍も関係なく、尊敬できると感じたら同じように意見を尊重していました。

その典型的な例が、当時12歳だったインスタグラマーのLaraちゃんを、サマンサタバサのデザイナーとして起用したことです。

彼女は世界中を旅し、各地で目にしたものを美しい写真に収め、旅先でのインスピレーションを個性的なイラストにしています。Instagramでのフォロワー数は約14万人（2020年6月時点）。インスタグラマーとしては有名でしたが、リアルな世界ではまだ知名度の低かった彼女を起用し、寺田さんは契約金に1000万円を支払い、大きな話題になりました。

彼女を子ども扱いすることなく、一人のアーティストとして認めリスペクトしているからこその判断でした。実際、彼女はサマンサタバサの世界観に合わせた素敵なイラストやデザインを描き、コラボ商品はヒットを重ねています。

――「うちの社員は日本一」

そして業績が上がったり、プロジェクトがうまくいったりしたら、寺田さんは「僕ら」ががんばった成果だと、必ず全員の手柄にしていました。

いつも寺田さんは、他社の偉い人に会う時、

「世永がこの会社を支えているんです。僕じゃなくて彼女がすごいんです」

　と紹介してくれていました。

　それをいつも気恥ずかしくもうれしく思っていたのですが、とりわけうれしかったのは、サマンサタバサとグループとして共に歩むことになったコナカの湖中謙介社長に初めてお会いした時のことです。

　名刺交換をさせていただいた際、湖中社長は第一声にこうおっしゃいました。

「世永さん、お会いしたかったんです！　あなたがここまでサマンサを育てたと聞いています」

　私は涙が出そうになりました。寺田さんはいつも、

「うちの社員は日本一なんです。本当に仕事が好きでよく働く優秀なヤツばかりです」

と口にしていました。私がスタッフをあえて人前で褒めるようになったのは、寺田さんの影響だと思います。

　そして湖中さんもまた、一緒に働く人たちを認め、褒め、力を引き出していく人だとわかり、とても心強く思っています。

社員を「日本一」と褒める、しかも人前で褒める。そんな寺田さんは、登山者の応援団長でした。

4－2

「優秀なリーダー」よりも「熱いリーダー」

―目の前の「今」に真剣な女性と同じ温度で

前節では、時代が求めている並走型リーダーについてお話ししました。では、女性がリーダーに求めているものは何でしょうか。

まず何より「熱さ」ではないか、というのが個人的な意見です。

意外に思うかもしれませんが、これは長年、プライベートの友人たちも含め、働く女性たちからたくさんの相談を受けてきたことに基づく実感です。

これまで受けた相談を分類すると、トップ5は次のようになるでしょう。

働く女性たちから受けた相談内容トップ5

□仕事を辞めたい（辞めようと思っている）
□仕事の優先順位がわからない
□仕事と生活のバランスがうまくとれない
□上司に同じ「熱さ」を持ってもらえない
□問題が起きた時にどう解決すればいいのかわからない

トップ5のうち、4つは自分自身の働き方に関するものですが、「上司に同じ『熱さ』を持ってもらえない」というのだけは、他者に対しての不満なのです。

仕事に対してこんなに一生懸命取り組んでいるのに、自分と同じような思いで上司は仕事に向き合っていない。そのことが、どんなに優秀なリーダーでも、働く女性たちを落胆させるのではないかと感じます。

第1章でお話しした通り、「いつか辞めるかもしれない」という思いがあるからこそ、女性たちは目の前の「今」に真剣なのです。そして、一緒に走っている人には同じ熱意で走ってほしいと願っているように思います。

人は、自分よりがんばっていない人を、すぐに見抜いてことごとく嫌ってしまうものです。それは同じチームの仲間に対してもそうだし、上司に対してはなおさら厳しい目線で見ています。

これは、子育てと同じです。子どもは家に帰ると、その日の出来事をとどまることなく親に話してくれます。学校で起きたこと、友だちとのこと、今熱中しているもの。その話にきちんと気を向けていないと、子どもはすぐ気づいて怒ります。

自分が情熱を捧げているものについては、親や上司が同じ温度で気持ちを向けていることを求めるのです。

4－3

「相談に来るのを待つリーダー」よりも「こまめに声をかけるリーダー」

――スタッフの変化にアンテナを張り、こまめに声がけを

いざという時まで、マネジャーは積極的に介入しない――。そんなマネジメントのやり方もあるかもしれません。でも私は、自分からスタッフにこまめに声がけをするようにしています。

子育てに例えると、親であれば、我が子の目つきや服の脱ぎ方、物の置き方など、細かいことで変化を感じるはずです。それと同様、スタッフの様子に何か違和感を覚えたら、

「何か気になることある？」

「どこが引っかかっているか教えてくれる？」

ところから聞くようにしています。

「おはようございます」という挨拶の声のトーン、表情の変化、メールの返信の言葉尻……。そういった小さなサインはいくらでもあります。それを見逃さず、見て見ぬふりをしないことが大切だと思うのです。私の場合は、

「世永さんって、後ろにも目があるんじゃないですか？」

とよく言われるほどです。

男性も同じかもしれませんが、女性は「自分を見ていてほしい」と思っています。言葉にはせず、「気づいて！」「察して！」と〝オーラ〟を発していることもよくあります。

夫が家事を手伝ってくれなくて不満を募らせた妻が、ガミガミ言うのは嫌なので、洗っている食器を「ガチャン！」と音を立てて置く。そんな話、よく聞きますよね。

スタッフのちょっとした変化に対し、常にアンテナを張る。そうは言っても自分の仕事で忙しいし、なかなか気づけないと思うかもしれません。

まずは、**仕事の報告や相談の際はもちろん、挨拶などちょっとしたやり取りの時も、パ**

ソコンや携帯から目を離すようにしてみるといいと思います。**そして、何か感じることがあればこちらから声をかけます。**いつも声をかけていると、何かあった時に向こうから話してくれるようになります。

そうなれば、報連相もこまめにしてくれるし、問題が起きる前に相談にきてくれます。上司に相談しようと決意するまでの時間は、人によって異なります。ある人は問題発生の兆しが見えたところですぐ相談できても、ある人はかなり深刻な事態になるまで自分で抱え込んでしまうかもしれない。

どちらの場合でも、私はできるだけ早くこちらからキャッチしてアプローチするようにしています。

――がんばりすぎにも注意

声をかけてあげたいのは、不満を抱えている人だけではありません。

女性は、やる気になるとついがんばりすぎてしまう傾向があります。長い目で仕事を見ている男性に比べて、つい短距離走のようになってしまうのかもしれません。

がんばりすぎてオーバーヒートしそうな人に、軽くブレーキをかけてあげるのも、マネジャーの大事な役割かと思います。

気負いすぎているメンバーを見つけると、

「ちょっと落ち着いたほうがいいよ、エンジン全開すぎるよ」

「もうすぐスイッチ切れるよ、絶対切れるよ、このペースだと」

など、実況中継のように伝えるようにします。

そうすれば、本人はちょっと落ち着けるだけでなく、周囲や上司に「自分ががんばっていることが伝わっている」という安心感も生まれます。

――モヤモヤが見透かされていた

このような話をすると、メンバーの細かいことに気づけるのは私が女性だからではないか、と言われたりします。でも、決してそんなことはありません。

オイシックス・ラ・大地の髙島宏平社長は、千里眼かと思うほど人をよく見ています。それを実感したのは、同社に加わってすぐのことでした。

自分たちのリアルな目線や直感を何より大事にしていたサマンサタバサとは異なり、オイシックス・ラ・大地ではしっかりと今後の展開にアンカーを設定し、日々ＫＰＩの話が出てきます。

最初は、そうした慣れない数値やデータに拒絶反応が出て、「私には無理かもしれない」と思ってしまっていました。

頭上に雨雲がかかったまま出社した3日目。何も言わないうちに髙島社長が、こう問いかけてきました。

「何が嫌になっていますか？」

私は、自分の中のモヤモヤが見透かされていたことに気づいてびっくり。毎日出社しているわけではないので、たまにしか顔を合わせない私の変化でさえ察知してくれたので

す。思い切って、

「エクセルとKPIが嫌です！」

と言ったら、笑いながらその必要性と存在理由を説明してくれました。その上で、

「世永さんに期待しているのは別の部分なので、あまり気をとられなくていいですよ。そういうのが得意な人間といいタッグが組めればと思っています」

と、髙島社長は私の肩の荷を下ろしてくれました。

ちょっとした声がけだけで、すぐに問題が解決しないにしても、「見ていてくれたんだ」と本人は安心できたりするものです。

4－4

「とりあえず不満を聞くリーダー」よりも「すぐ行動するリーダー」

――女性は話を聞いてほしいだけではない

女性のマネジメントについて、誤解されていることがあるように思います。

「何か不満があると訴える女性は、ただ話を聞いてほしいだけ。じっくり話を聞いてあげれば、スッキリして帰っていく」

というものです。

当然ながら、耳を傾けることは大切です。誰かに自分の話を聞いてほしいというのは間違いないだろうし、まずはしっかりヒアリングをしないと、何が問題となっているのかもわかりません。

ただ、「とりあえず聞いてあげればいいだろう」「スッキリしたみたいだから、もう大丈夫だろう」という態度でいると、すぐに見抜かれます。

表面的な解決策だけですませようとしても、そのようなごまかしは利きません。

――現場が生き生きと働けるようにするのが先決

しっかりヒアリングをしたら、**「すぐ行動する」ことが大切**です。

他の仕事が山積みになっていて、なかなかメンバーの不満にばかり構っていられないと思うかもしれません。もちろんそれはわかります。

でも、私自身はスタッフから相談されたことには最優先で取り組んでいました。長い目で見れば、そのほうが早いからです。

自分がマネジャーなら、現場で実務を担うのはチームメンバーです。そのパフォーマンスを上げるには、まずは彼らに生き生きと楽しく働いてもらうようにするのが先決だと思うのです。まさに、「急がば回れ」です。

「毎日、深夜まで働いていてつらいです……」

いつもはあまり愚痴を言うこともなく黙々とがんばるタイプの女性スタッフが、ぽろっとこんな言葉をこぼした時のこと。

当時は大きなイベントを控えていて、どうしても根を詰めた夜遅くまでの作業が連日続いてしまっていました。

「仕方ないよ、がんばろう！」

と言うのは簡単なのですが、そもそもがんばっているからこそ出てきた不満です。

さっそく人事担当や社長にかけ合って、その部署だけ一時的にフレックス制を導入できるようにしました。夜遅くまで働いた分、翌朝は遅めに出勤し、イベントが終わったら少しゆったりした働き方ができるように調整しました。

「いずれ何とかする」「追々やろうと思っている」と伝えても、「追々って何カ月後のこと？」と本人は疑問に感じます。

会社の事情で、要望に応えられないことももちろんあります。そんな時は、マネジャーとして自分自身がその理由をきちんと理解し、本人が納得できるまで噛み砕いて説明をします。

マネジャーの目がどこへ向いているのか、会社のほうなのか、相談した自分のほうなのか。本人はしっかり見ています。

「すぐ行動する」のは、「自分の目はあなたに向けられているよ」と示す強いメッセージなのです。

4－5

「トラブル対応から逃げるリーダー」よりも「最後の砦となるリーダー」

――失敗は自分のもの、手柄はスタッフのもの

「うちの部下の出来が悪くて、すみません」

「自分はこう言っておいたのですが、部下がどうもちゃんとやっていなかったようで……」

何か問題が起こった時に、このように責任逃れをするマネジャーは、女性だけでなく誰でも一瞬で信頼しなくなりますよね。

失敗は部下のもの、手柄は自分のもの。たまにそんな人がいるようですが、私が目指すのは真逆で、「**失敗は自分のもの、手柄はスタッフのもの**」です。

メンバーに何かあった時こそ、最後の砦になってあげる。それがマネジャーの役割だと思っています。

トラブルが起きてしまった時、まずは本人の意見を聞きます。

「どうしてこうなったの？」

「この後どうしたらいいと思う？　どんな手があるか一緒に考えよう」

そして、シナリオを3パターンくらい考えます。

本人が自分一人で謝罪に行きたいと言うなら、「何かあれば私が責任とるから。最後の砦になるから、行っておいで」と送り出します。

サマンサタバサの寺田さんがまさにそういう人でした。

「最後に俺が出ていくから、悪いけどそこまでやってみて。本当にうまくいかなかったら、いつでも連絡して」と。

普段からその姿勢を見せていたので、その言葉が表面だけでないこともよくわかっていました。

だからこそ私も、

「自分でできるところまでやってみる？　いつでも私が出ていくから必要なら言ってね」

などと、決して一人にはしないというメッセージをしっかり送った上で、プレッシャーになりすぎないように、

「でもこれってきっと、すごく学びになるよ」

といったポジティブワードで締めます。


ただし、「きちんと相談した人は助けるけれど、最後の最後だけ泣きつかれても助けられないよ」と普段からことあるごとに伝えておきます。

しっかり報連相してくれていて、途中の過程も把握しているからこそ、どう助けてあげたらいいのかがわかります。そのことは、きちんとスタッフにも認識してもらいます。

そうしておけば、要所要所で相談に来るので、たいていは大ごとにならずにすむものです。

第4章まとめ

◈ 並走型リーダーの時代。
メンバーの成長や幸せを心から喜び
能力を引き出す人でいたい。

◈ スタッフの変化に常にアンテナを張って。
報連相は、パソコンやスマホから目を上げ
きちんと相手を見て聞きたい。

◇

スタッフからの要望やクレームは、すぐ対応。

応えられなければ理由を説明する。

上司の本気を本人は見ている。

◇

管理職は、最後の砦。

現場はスタッフに任せ、要所チェック。

「何かあればいつでも行く」

第５章

新人を即戦力に育てるための発想転換

5－1

「新人は見て学べ」よりも「新人にも出番を与える」

新人を透明人間にしない

これは女性のスタッフに限った話ではないですが、「**新人を透明人間にしない**」ということにはこだわっています。

他社と打ち合わせをすると、たまにこんなことがあります。先方は、部門長、担当者、新人という3～4人体制。でも、部門長だけがひたすら話を進め、他の人たちは透明人間のように押し黙っている。

今後の勉強のために連れてきているのでしょうが、これでは当事者意識はなかなか育ちません。

私の場合は、「見て学んでもらう」というより、「出番を与えて実践の中で学んでもらう」という発想で新人を育てています。

私なら、同じようなメンバー構成で打ち合わせに行く時は、事前に大体の役割分担を決めていきます。

新人でも、例えばその企画の土台となるリサーチを担っていたり、20代に訴求するためのアイデアを出していたりと、どこかしらその企画に貢献してくれているものです。

「今日は、私が企画の概要を最初に話したら、山本さんが詳細を説明してね。加藤さんは、こういう打ち合わせに出るのが初めてであまりわからないかもしれないけど、雰囲気に慣れて、流れをつかんでくれれば100点だから、しっかり聞いていてね。20代の流行について途中で聞くかもしれないから、そうしたら自分の考えを話してくれる？」

とメンバーに伝え、**新人でもちゃんと出番を与えます。**

そしていざ、先方と会ったら名刺交換だけで挨拶を終わらせません。席に着いたらまず、こんな紹介をします。

「こちらの加藤さんはまだ入社2カ月で、今日は勉強のために同席させていただきます。今回の企画では、事前にターゲット層のリサーチやアイデア出しに加わり、いいアイデアをどんどん出してくれたり、とてもクリエイティブなんです！」

新人は透明人間ではありません。仕事の経験は浅くても、彼らにしかない視点やスキルを持っている。それをきちんと仕事に活かす方法を見つけてあげるのが、マネジャーの役目だと思っています。

——現場の人間に花を持たせたい

サマンサタバサでは、国内外のトップモデルや著名人を招き、撮影を行う機会がよくありました。決して粗相が許されない現場ですが、さまざまな作業を若いスタッフに担当してもらっていました。

当時、サマンサタバサのプロモーショナルモデルは20代前半の方が多かったというのもあって、同世代の若いスタッフに現場を任せていました。特に、楽屋を準備したり、お土産を渡したり、相手と直接関わる部分です。

「今日のあなたの役割は、マネジャーさんと信頼関係と人間関係をしっかり作ること。私は40代で彼女より20歳も年上だけど、あなたなら同年代だし、いいアプローチができるはず。それはあなたにしかできないことだよ」

よくあるのが、それまではあまり関わらなかったのに、なぜか一番いいタイミングやおいしいところだけ、偉い人が出てくるというパターンです。

偉いかどうかなんて、仕事を一緒にしていれば相手に伝わります。それをわざわざアピールするよりは、その日に向けて一生懸命準備してきた現場の人間に花を持たせたい。

「自分のタイミングでいいから、『お土産です。今日はありがとうございました』って渡しておいで」と伝えて、私は絶対に行きません。

それがミランダ・カーでも、

「今日の控え室のお花、この新人の加藤さんが選んだの。素敵でしょ！　ミランダに喜んでもらいたくて選んだのよ」

と紹介します。すると相手は、

「すごいセンスいい！　ありがとう！」

と言ってくれる。本人にとっても、自分からどんどん話しかけるきっかけになります。

新人を影武者にしない、黒子にしないというのは、鉄則だと思います。

5－2

「ミスに気をつける」よりも「ミスを出さない仕組みを作る」

──アナログ時代に学んだノートの徹底活用

ミスは誰にでもあるものです。特に新人相手には、「ミスに気をつけて」と小言を言うより、それを減らすための仕組みを作ってあげたいです。

私の新人時代は、スマホもスケジュールアプリもありませんでした。そこで活用していたのがノートです。

サマンサタバサの社員時代、1、2年目の新人スタッフには、自分の新人時代のノート術を教えることにしていました。

スケジュール帳の書き方は人それぞれだし、デジタル時代なのでもっと良い方法があるかもしれません。現に私自身、今ではプライベート用のスケジュール帳以外はデジタルで管理しています。

ただ、**新人時代にこうしてアナログのノートを徹底活用したことで、大切なプロセスを体得できた気がします。**第3章でお話ししたように「頭のひきだし」で物事を整理できるようになったのも、こうしたアナログなノートでの積み重ねがあったからです。1冊にすべてをまとめて管理すれば頭を整理できるし、簡単に振り返ることもできました。

そんな私のノート術をここで紹介したいと思います。

——大公開！　新人のうちに身につけたい頭整理ノート術

私のノート術は至ってシンプル。すべてを1冊にまとめることです。

よくあるスケジュール帳では書ききれないので、普通のA4ノートを使います。ノートの1ページを上下に区切り、1枠を1日分として、見開きで4日分に分けます。

●ＴＯ　ＤＯリスト

まずは、**その日にやるべきＴＯ　ＤＯリストを書き出します。**どんなに小さいことでも書き出して、一旦頭から吐き出すのがポイントです。ここで曖昧にしてしまうと、忙しくなった時に忘れてしまいます。

電話を一本かけなくてはいけないということでも、書き出します。そして、**電話をかけるなら、相手先の名前と電話番号もそこに記入する。内容が決まっているなら、話さなくてはいけない内容をメモ**しておいてもいいでしょう。とにかくその欄を見れば、空き時間にどこにいてもすぐ電話ができるようにしておきます。

慣れてくれば、優先順位の高いものから書けるといいですが、それはできなくても大丈夫。優先順位に気をとられて小さなタスクを忘れてしまうよりは、思いついたものをどんどんメモしていくほうが大事です。

このＴＯ　ＤＯリストは、**できれば仕事終わりに時間を作って、次の日にやることを書くようにします。次の朝、仕事を始める前にもう一度それを確認して、必要に応じて書き足せば、ダブルチェック**になります。

世永ノート例①

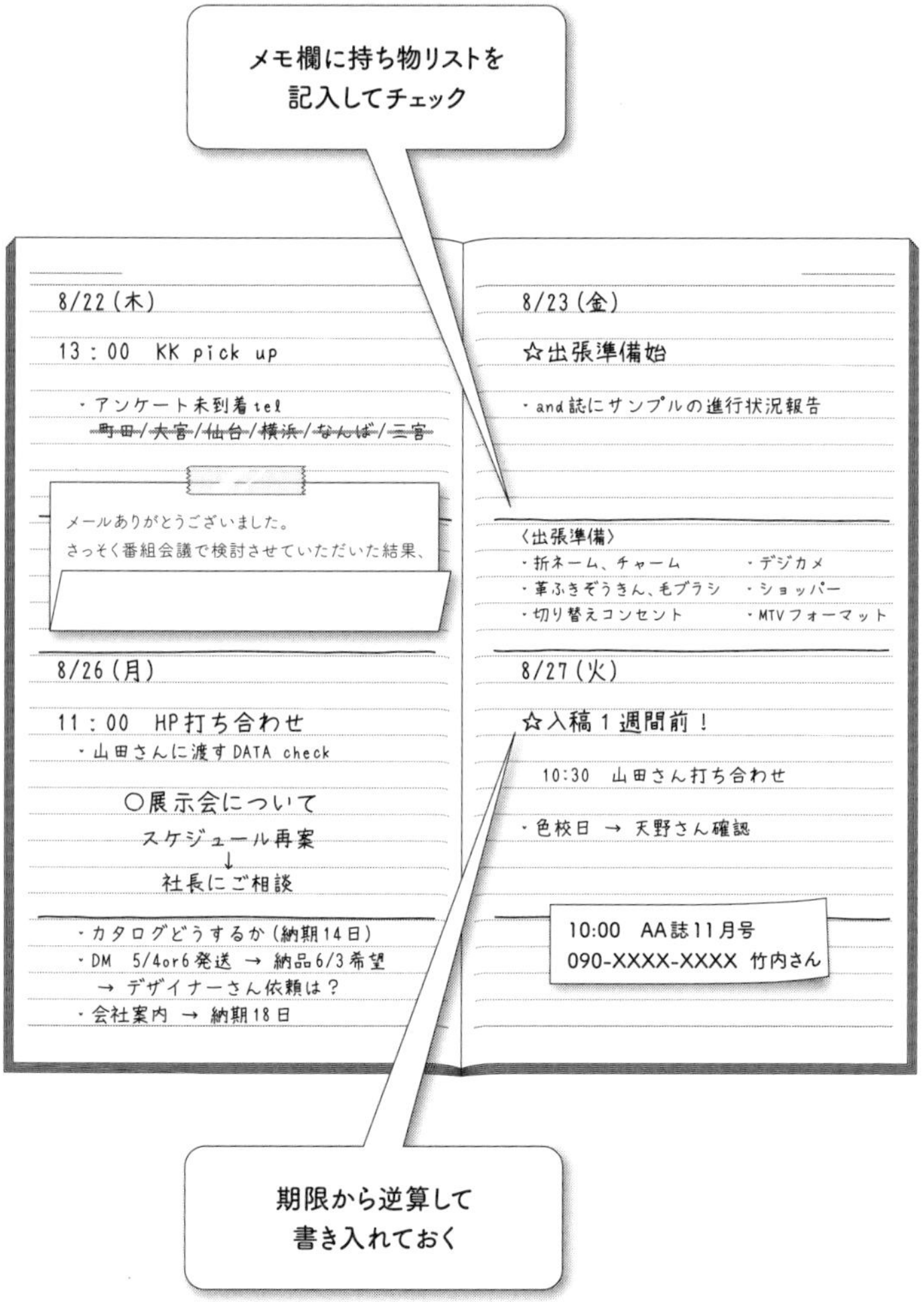

メモ欄に持ち物リストを
記入してチェック
8/22(木)
13:00 KK pick up
・アンケート未到着tel
町田/大宮/仙台/横浜/なんば/三宮
メールありがとうございました。
さっそく番組会議で検討させていただいた結果、
8/26(月)
11:00 HP打ち合わせ
・山田さんに渡すDATA check
○展示会について
スケジュール再案
↓
社長にご相談
・カタログどうするか(納期14日)
・DM 5/4or6発送 → 納品6/3希望
→ デザイナーさん依頼は？
・会社案内 → 納期18日
8/23(金)
☆出張準備始
・and誌にサンプルの進行状況報告
〈出張準備〉
・折ネーム、チャーム
・デジカメ
・革ふきぞうきん、毛ブラシ
・ショッパー
・切り替えコンセント
・MTVフォーマット
8/27(火)
☆入稿1週間前！
10:30 山田さん打ち合わせ
・色校日 → 天野さん確認
10:00 AA誌11月号
090-XXXX-XXXX 竹内さん
期限から逆算して
書き入れておく

●期限のあるもの

仕事にはたいてい期限があるものです。「○月×日までに相手先に企画書を送らなければいけない」のであれば、まずその期限日の枠に大きく赤で書き込みます。

さらに**1日前の枠にも、「明日企画書送付締め切り！」などと書き込み、同じように3日前、1週間前にも書き込みます。期限が決まった段階で、当日までのカウントダウンを書き込む**のです。

1週間後や1カ月後など、先のページはコンスタントに見るとは限らないので、期限の日に書き込むだけでは、うっかり忘れてしまうかもしれません。期限までのカウントダウンを書き込むことで目にする回数も増え、事前に準備できるようになります。

期限を守ろうという心がけだけに頼らず、うっかりミスを防ぐ仕組みを作れるよう、早いうちに身につけさせてあげたいですね。

●重要項目

仕事に関連する大事なことはすべてこのノート1冊ですむように、取引先の担当者にもらった名刺のコピーや、担当しているバッグの素材、色のサンプルリストまで貼り付けていたこともありました。

アパレルの仕事では、商品の素材や色を確認しなければいけないことが多々あります。その時にパッと出して話ができるととてもスムーズなので、いっそのことサンプルリストを貼ってしまおう、と考えたのです。

また、プレスは商品が掲載される雑誌などの撮影に立ち会い、後日その商品の詳細を編集部に送らなければいけません。その時に撮影したのがどの商品だったのか、把握していなければ掲載する情報を間違えかねません。当時はデジタルカメラではなくポラロイドでテスト撮影などをしていたので、そのポラロイドをもらってその場でノートに貼り付けたりしていました。

他にも、かけ直さなくてはいけない電話メモの付箋、仕事のスケジュール表、撮影時のモデルの香盤表まで、ノートなら空いたページにいくらでも貼れるので、関連するものはすべて1冊にまとめて、分厚くなったそのノートを肌身離さず持ち歩いていました。

さらに、某女性誌の編集長からもらったメールの返信まで、印刷して貼り付けていまし

世永ノート例②

現地との時差をすぐ目に入るところに
書いておけば焦らずにすむ

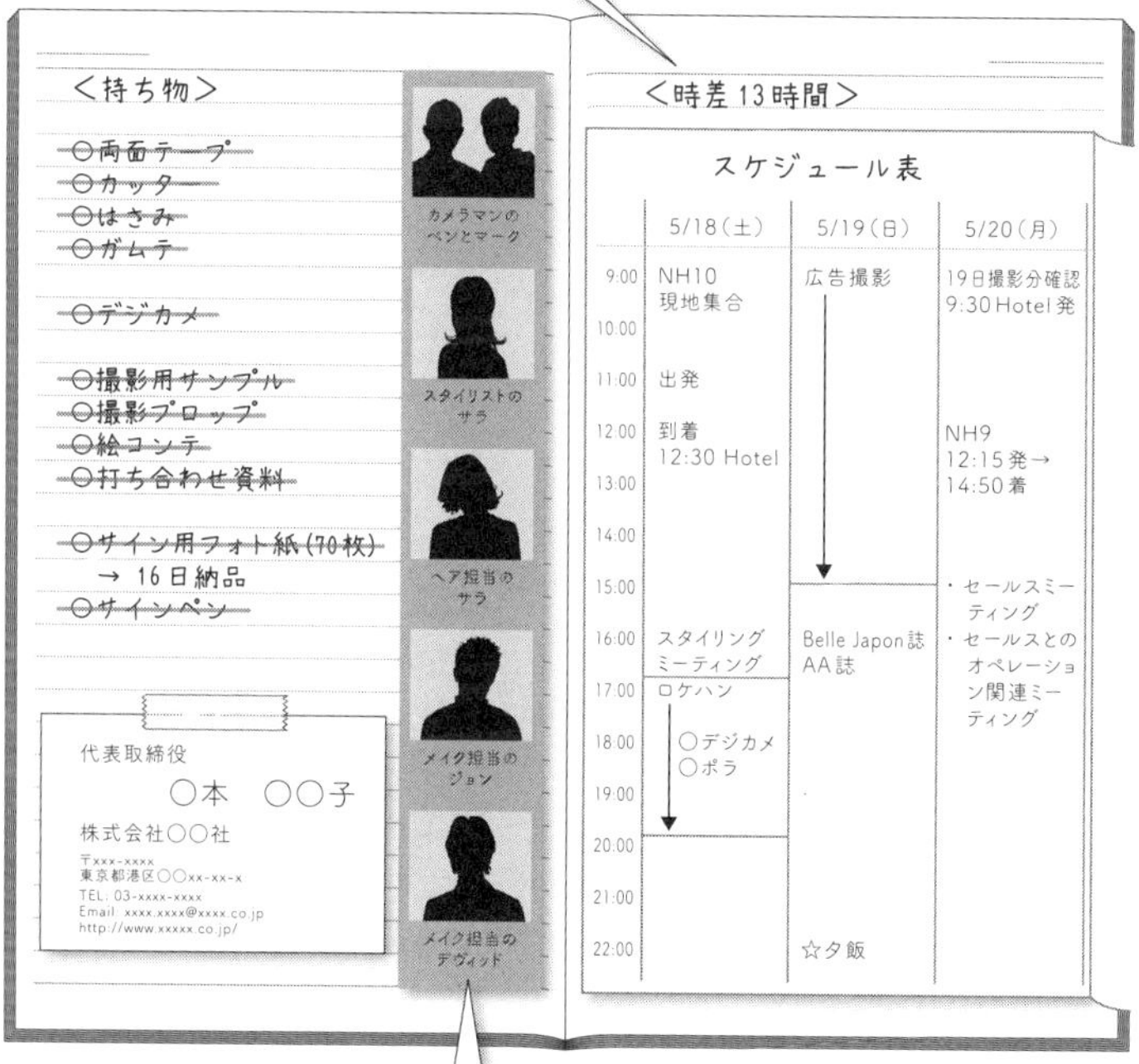

仕事相手の顔写真を貼り、
名前を忘れないようにチェック

た。これは、私が商品の説明に伺った後に送ったお礼メールへの返事です。まだ経験も浅くて20代前半だった私にもきちんと返信をくださって、「世永さんとお会いできて良かったです」という言葉をくれました。

まだ他社を訪問するのに慣れていなくて、とても緊張して説明に行ったのを覚えていますが、そんな時にもらった言葉は私を何度も励ましてくれました。そうしたメールもノートに貼り付けて、時々見返していたのです。

●メモ欄

半ページを1日分のスペースにするとお話ししましたが、私はさらにその**4分の1くらいを線で区切って、メモ欄に**使っていました。例えば、イベント当日までに用意しなければいけない備品、会議で出た新しいアイデアなどさまざまなことをメモしていました。

朝の3分を新人&上司で作業確認タイムに

実は、こうしたノートをつけ始めたのは、サマンサタバサに入社した時に寺田さんに、

「ノートを持ってきて、メモして」

と言われたことがきっかけです。ノートをどう使うか、細かく指導されたわけではありませんが、1日ごとに区切ったり、TO DOリストを書いたりするといい、とアドバイスをくれました。

そして、毎朝私を呼んで、

「今日は何をしないといけないんだっけ?」

と3~5分程度、ノートを見ながら一緒に確認してくれました。

当時、前任者はいないし、広報部は立ち上げたばかり、という実質単独での手探り状態でした。そんな中、**最初の1、2年はこうして毎朝ノートを見ながらその日のタスクを確認してくれたことが、その後の財産になっています。**

仕事の段取りを組む、タスクを整理する、といった仕事のスキルの基礎作りができたの

です。

今ならこれをエクセルで管理して、アンカーを設定して、リマインド機能を活用して、といった形をとるかもしれません。

でも、まずこのアナログなやり方を叩き込んでおくことで、当事者意識を持って、自分で仕事の優先順位を判断し、コントロールする力を身につけられるのではないかと思います。

これは私のやり方であり、同じようにする必要はまったくありません。

ただ、新人時代は「困ったら言ってね」と伝えておいても、そもそも何が問題なのか整理できず、何を聞いたらいいのかさえわからなくて戸惑ったりします。

最初のうちは、こうして毎日3分でもいいので、「今日は何をするんだっけ？」と確認してあげることも大事です。私がこうして教えた新人たちは、今では管理職になって同じように若い子たちを育てているようです。

報告に来てくれた〝息子〟

「ここまで手取り足取り教えなくてはいけないのか？」「新人に煙たがられないのか？」と思うかもしれません。

煙たがられる可能性はありますが、いつか感謝される日が来るかもしれません。

先日、数年前に退職した男性スタッフが会いにきてくれました。「社長になりたい」と新入社員時代から言っていて、ついにその夢を叶えた彼は、お母さんに手柄を見せに来た息子のようでした。その時に話してくれたことが印象に残っています。

「『資料を相手に見せる時は角をきちんと揃えたほうがきれいだよ』って言ってくれたこと覚えていますか？　あの時は正直『細かすぎるな』と思っていたけど、自分が社員を持ってみたら『外部の人に差し出す時は、揃えて出すのが敬意だよ』と指示を出している自分がいたんですよね」

書類の渡し方なんて、新入社員時代にちょっと言っただけのことです。それを覚えていてくれて、今度は同じことを後輩に受け継いでいることが、私にとって大きな喜びでした。

5－3

「今どきの若者は……」よりも「若手にしかないスキルを活かす」

――デジタルネイティブにしかない才能

ここまで、新人スタッフが一人前になるためにマネジャーができることをお伝えしてきました。

彼らはまだ粗削りかもしれませんが、一方で、上の世代がとうてい太刀打ちできない能力を持っていたりします。

世間一般から見たら、40代前半の私もぺーぺーというか、若手に見られるのかもしれません。でも、私たちの世代から見ても、今の若者とは脳の構造が違うのではないかと思うほど隔たりがあります。

個人的に、「今どきの若者」という言葉が嫌いです。サマンサタバサの女性社員の多くも、20〜30代のまさに「今どきの若者」と言われる世代ですが、そんな一言で片付けてしまうのは失礼だと思うほど、私たちの世代にはない才能と感覚を持っています。

私たちは、大学生くらいになって初めて携帯電話が一般的に普及し、スマホを手にしたのは社会人になってかなり経ってから、という世代です。つい最近までは、ファックスも仕事で使っていました。

一方で、**子どもの頃からスマートフォンやSNSが存在した彼らは、デジタルネイティブ**です。

Twitterや Instagramの限られた文字数の中で、いかに自己表現し、人を惹きつけるか。今、多くの会社がマーケティングで試行錯誤していることを、彼らは日常的にやっている世代なのです。

特にアパレルなどに勤める人たちは、外への発信に意欲的なのでなおさらです。

例えば、「20文字で相手を惹きつけるキャッチコピーを考える」とか、「商品を可愛く配置する」といったことを、サッとやってしまうのです。

手帳一つを写真で見せるにしても、ペンを平行に置くか、斜めに添えるかだけで、その印象はまったく違ってきます。そんなちょっとした工夫や見せ方が自然にできるのは、大きな強みです。

「いいな」と思うアーティストがいたら即アプローチ

また、**デジタルネイティブ世代には、上の世代にはない行動力がある**と感じます。

かつては、業界のトップで活躍する人や有名アーティストは別世界の存在で、私たちはただ外から眺めているだけでした。

でも、今の若い人たちは「いいな」と思えば、本人のホームページやFacebookのメッセージ機能などを使って、直接それを伝えられる。時によっては、直接会いに行ったりするくらいの行動力と熱さがある。

自分の琴線に触れたら、その気持ちをすぐ行動に移す。そんな彼らが、会社に入って何年も地味で当たり障りのない作業ばかりさせられたら、不満と不安を覚えるのも当然かもしれません。それに何より、彼らを活かさないのはもったいなさすぎます。

業界によってはなかなか難しいかもしれませんが、こうした若者の表現力と行動力を活かさない手はありません。

◇

新人を透明人間にしない。
彼らにしかない視点やスキルを
活かせる場をどんどん与える。

◇

締め切りのあるものは
1週間前、3日前、前日にも記入。
早めの準備を若いうちに身につける。

朝の3分は新人&上司のチェックタイム。
TO DOリストを作るつもりで
業務を一緒に確認してあげる。

デジタルネイティブ世代は
マーケティング上手。
10文字や写真1枚で思いが伝えられる。

第６章

ライフステージ別マネジメントの発想転換

6－1

20代は「下積み」よりも「土台作り」

――どんどん機会を与え、キャリアの土台を作る20代

第5章では、私なりの新人の育て方についてお話ししました。では、女性にとって20代とはどういう時期であり、マネジャーは何をしてあげればいいのでしょうか。

20代は、見習いのような立場で下積みをするのではなく、どんどんリーダーとしての場数を踏んでキャリアの土台作りをする時期だと思っています。

個人差はあるものの、女性は30代に入ると、結婚や出産などライフステージの転機が次々と押し寄せます。その時、柔軟な働き方を選択肢として持っていられるようにするに

はどうすべきか。やはり、20代のうちに経験を積んでおくことなのです。

まだ経験が浅いからといって、下積みのようなことばかりさせられていたら、あっという間に女性としてのライフステージの変化と向き合うタイミングが来てしまいます。せっかくチームリーダーになったのに、産休と育休に入り、仕事と家庭のバランスに悩む……、ということになりかねません。

――まずは小さな企画のリーダーに

女性は、その大切な20代をのんびり過ごすわけにはいきません。だからこそ、**20代のうちからどんどん成長の機会を与えたいと思っています。**

まずは、何か一つ、小さな企画や商品を担当してもらいます。

「これはあなたの担当だから、やってみよう。どうやったらもっとうまくいくと思う？」

と意見を聞くと、

「この世代には、こういうイベントの人気が高いようなので、そこに出店してはどうでしょう?」

とアイデアを出してくれたりします。

そこですかさず、

「そんなイベントがあったのね! よく調べてくれたんだね。すごいな～。じゃあやってみよう! どうしたら人が来てくれるかな?」

などと、自分から考え、工夫していく機会にします。

この時に大事にしているのが、成功体験を得てもらうこと。

「任せる」のであって、「丸投げ」するわけではありません。かといって、「手取り足取り」何でもやってあげるわけでも、こちらが主導権を握って本人を「助手扱い」するわけでもありません。初めての企画リーダーとして、しっかりとゴールまで持っていくという道のりを、本人に主役を務めてもらいつつも、しっかりアシストし、成功を実体験として感じてもらうということです。

こうして、小さくても成功体験を重ねていきます。そうすることで、経験と自信が生まれます。

30代前半で部長になるのも珍しくない

よく驚かれるのですが、サマンサタバサでは30代前半で部長になるというのは決して珍しくありません。

なぜそれが可能なのか。

一つには、**多くの社員が入社2、3年目で、早くも小さなチームのリーダー的な役割を任されるから**です。スタッフやアシスタントを組織してチームを作り、プロジェクトを率いる経験をするのです。

こうして、いわば「ミニリーダー」を作っているわけです。

その時から、**チームメンバーを「使う」のではなく、「育てる」という意識も持ってもらいます。**そうすることで、その後役職がついた時にも慌てることなく、これまでやってきたことの延長だととらえることができます。

そうしたミニリーダーには、よくこんな質問をしていました。

「どうしたら○○さんのいいところをもっと引き出せると思う？」

自分が率いるチームのメンバーにどんな仕事を担当してもらい、何を学んでもらい、次のステップに何を用意し、どう声がけをしていくのか、自分で考えるようにうながすのです。そして悩んだら、いつでも私のところに駆け込んでもらえばいい。

現在サマンサタバサでマーケティング部を部長として率いている高橋亜友美さんは、私がプレスの統括をやっていた頃にずっとプレスの部門長を務め、一緒に走り続けてきた大切な後輩の一人です。私の仕事人生を語る上で欠かせない、まさに相棒のような存在です。

彼女も、20代前半で小さな企画の担当を務め、20代半ばでイベントなどのチームリーダー、28歳で課長、30歳で部長とステップアップしていきました。

そんな高橋さんはこう語っています。

「自分が28歳で課長になったのなら、私が育てているスタッフには、27歳で課長になれるくらいの経験と自信を持ってほしい」

彼女らはそれくらいの思いで、後輩たちを育ててくれているのです。

チームリーダーをやってみると、どうすればメンバーがついてくるか、どうすれば信頼を得られるのかを学べます。

リーダーを務めるのは、傍から見ているほど簡単ではない。実際にやってみることで、「やっぱりあの人が言うことにはみんな耳を傾けてくれるんだな」などと、自分の上司へのリスペクトも生まれるのです。

間違ったタイミングの昇進は、本人を潰しかねない

ただし、昇進させるタイミングは間違えないほうがいい。

というのも、本人が望んでいないタイミングで昇進させると、能力とモチベーションがあるにもかかわらず、本人を潰してしまう可能性があるからです。

別に肩書を望んでいるわけではなく、自分の仕事の成果を正当に評価してもらうことが何より大切、と本人は思っているかもしれません。まさに「目指す頂が違う」という状態です。

でもここで難しいのは、別に昇進が嫌なわけではないということ。自分が正当に評価された結果としての昇進であり、自分も周囲も納得できるタイミングであれば素直に喜べます。**マネジャーが本人のモチベーションと適切な時期を見極め、一緒にライフプランを組み立てながら次のステージを用意することが最も重要**だと思っています。

女性管理職の割合を引き上げることは、日本企業が抱える大きな課題です。ただ、その言葉だけに引っ張られ、間違ったタイミングで役職を与えることで、優秀な人材を潰してしまうことは大いにあり得ます。

男性に比べて人生の選択肢に悩みがちな女性だからこそ、その時期を見誤らないでほしいと思います。

6－2

30代は「仕事と家庭のどちらかを優先する」よりも「どちらも欲張りに」

人生設計に悩み始める30代

次は、30代について見ていきます。

個人差はありますが、30代はさまざまなライフイベントが一気に押し寄せ、人生設計に悩み始める時期です。なので、とりわけ30代の女性には、先のことよりも「とにかく今何をするか」を重視しています。

ただ、「重い」と思われない程度に、具体的なライフプランの話もきちんとするようにしてきました。

「こんなふうになりたい、と憧れていたり目標にしたりしている人は誰かいる？」

などと聞いてみます。

30代になると、周囲の働く友人たちの事情もこれまで以上に変化が激しくなります。昇進する人、海外や県外へ転勤する人、結婚や出産で仕事を辞める人……。そんな中で、迷い戸惑うのが30代女性。多くの選択肢の中で何を選ぶのか。そして、「もしかしたら1カ月後には結婚しているかも」などの「If」に気をとられて、目の前の昇進やステップアップのチャンスに踏み出せなかったりするのです。

思い悩んでいる人には、**主に2つのことを話します。**

まず、「**人生の道は一つではない**」ということ。

そして、「**欲張りになっていい**」ということです。

――17時に退社する役員

私は30歳の時に執行役員、33歳の時に上席執行役員になったという話をしましたが、実は執行役員になったのは第一子の育休明け、上席執行役員になったのは第二子の育休明けでした。

長男の出産で産休に入った当時は、先のことなんて何も考えていませんでした。それよりも、初めての出産の準備で頭がいっぱいでした。

しかし、仕事に戻ってみたら、執行役員という大きな肩書が用意されていました。あまりの重責に、一度は寺田さんに断りに行ったのを覚えています。

寺田さんはその時、こう言いました。

「無理しないでいいけど、とりあえずやってみたら？　ダメだったらまた話そう」

そんな大役を育休明けの部下に与えた寺田さんは、鬼上司なのかもしれません。でも、当時の私は「仕事も家庭も、欲張っていいんだよ」という強烈なメッセージを受け取った気がしました。

実際、私は役員という立場でありながら、17時に退社して子どもをお迎えに行き、一緒にスーパーで買い物をして、毎日夕ご飯を作って家族で過ごしてきました。

ワークライフバランスという言葉がありますが、私はどちらに何割というバランスを考えたことはありません。両方に全力で取り組みたいと思った結果が、仕事１００％、家族１００％でした。

産休明けの女性には、なるべくプレッシャーのかからない仕事を与え、平穏無事に過ごしてもらうのも、もちろん一つのやり方です。現実問題、子どもが熱を出したり、平日の日中に保育園の行事があったり、ママの毎日は本当に大変です。

でも寺田さんが用意してくれた道は、その真逆でした。チャレンジしていいんだよ、それでダメだったらまた考えればいい。当たり障りのない仕事で１００％の出来を求められるよりも、むしろ気が楽とも言えるかもしれません。

――女性は「大変」ではなく「ラッキー」

私のように40代以上の人が特にそう思いがちなのかもしれませんが、いわゆるキャリアウーマンには、「仕事人生を優先するために、何かをあきらめなければいけなかった人」というイメージがある気がします。

実際、男性に比べると、女性のほうがたくさんの決断を迫られていて、その決断のタイミングは必ずと言っていいほど仕事の盛り上がりと一致しています。どちらかだけを選択しなければいけない、またはどちらかに重きを置かなければいけない、と悩む女性は多いです。

キャリアウーマンと言えば、プライベートを犠牲にして夜遅くまで働いて、肩を張って男性と競争して、髪を振り乱して働き続ける人。この働き方改革の時代にあっても、そんな苦行のような道のりが思い浮かぶ女性は多いでしょう。

私たちが現在の働き方ができる道を切り開いてくれたキャリアウーマンの先輩方には、尊敬と感謝しかありません。だからこそ、今こうして私たちには、さまざまな選択肢があるのです。

しかし、**ミレニアル世代は、職場における男女の平等という発想が当たり前になり、産休や育休が整備され、女性なら一般職に就くという慣例もなくなってきた時代に育ちまし**

た。そんな彼女たちは、ブルドーザーのように突き進むキャリアウーマン像に違和感を覚えてしまうし、髪を振り乱してまで働きたくはない。きれいに髪を整えて、好きなファッションを楽しみながら、仕事をしていきたい。

「それができないなら、キャリアはあきらめよう」と本人たちが思ってしまったら、実にもったいないことです。

私はよくこう話しています。

「女の人って、仕事もがんばれるし、妻もできるし、母にもなれるし、何役も経験できてラッキーじゃない？　複数の役を渡り歩けるということは、男の人にはなかなかできないことだよ。それってお得じゃない！」

どれかを選ぶのではなく、全部同時に欲張ってもいいんだよ、と後押ししてあげることが大切なのです。選択肢は一つではないし、正解は一つではない、と。

私自身、仕事で頭も時間もいっぱいだった20代から、子どもを産んで母親となり、新しい世界が広がりました。それは大変というより面白い！

そして子育てをしているからこそ、働く時間も貴重に感じられ、なおさら仕事にのめり込みました。だから、新しい道が増えたらラッキー。

もちろん、本当の私は髪を振り乱したり、眉毛を描くのを忘れたりしながら走り回っています（笑）。

私の毎日は、仕事も家族も１００％。だから後悔も罪悪感もありません。

ただ注意したいのは、女性スタッフとライフプランを話す時に、いずれ結婚することを前提としてしまうと、逆にストレスやプレッシャーを与えてしまうということです。必ずしも結婚が正解ではないし、価値観と幸せの物差しは人それぞれだからね、と必ず伝えるようにしています。

いまや出産や結婚以外にも、副業をしたり、会社以外のコミュニティに属したり、スキルを獲得したり、選択肢がたくさんある時代です。どれかだけを選ぶのではなく、とりあえず全部やってみてから考えてもいい、と経験から強く感じています。

6－3

40代は「経験豊富だから本人に任せる」よりも「自分の振り返りをサポートする」

――40代で、一度立ち止まる

40代になると、人生がある程度定まっているはず、と思うかもしれません。

確かに、例えば子どもがいれば、大学を出させてあげるまでは今の働き方を続けてサポートしなければ、などと現状維持を望む人もいるかもしれません。

それに、この年齢になると、考え方や経験がかなり確立されていて、苦手なことが急に得意になったりはしません。

ただ、私自身が40代を迎え、感じていることがあります。

40代になると、特にここまでがむしゃらに走ってきた人は、「必ず立ち止まる」ということです。

猛烈に走ってきて、気づけばたくさんの経験を積み、人脈を築いてきた。そこで、「さて、私は何をしたいんだ?」「何を叫びたいんだ?」とふと考えてしまうわけです。自分がたどってきた道を振り返り、仕事や会社とではなく、自分の心と向さ合うのです。自分はどう生きるべきか、と。

だからこそ、私のように自ら新しい道を選ぶ人が増えてくるのが40代ではないかと思います。私のママ友たちがまさに今、そういう状態です。

今は、40代での結婚、出産も増えているし、転職や留学、起業をする人などもいます。これまで仕事一筋だった人でも、30代以上に選択肢が増えて悩む人もいるかもしれません。

40代で出産しても、すでにリーダー的なポジションについている人なら、育休から復帰した私がそうだったように、自分で時間の調整をしたり、スタッフに仕事を割り振ったりと、より柔軟な働き方で乗り切れるかもしれません。

個人のビジョンと会社のビジョン

このように自分を問い直している**40代の女性を会社に活かすには、そんな彼女たちの心とどう向き合うか、本人のビジョンと会社のビジョンをどう結びつけるか**が大切だと感じています。

個人が目指す方向と会社が目指す方向が合致した時、とてつもないパワーと実行力を生む気がしているのです。

まさに、今携わっているオイシックス・ラ・大地がそれを体現しているように思います。会社として、「これからの食卓」「これからの畑」というビジョンを掲げているのですが、「食」という日々の生活に直接関わるものを扱っていることもあって、そのビジョンが社員それぞれの実体験にひもづいていて、同じ問題意識が共有されている。だから、社員が自分の中の「will」を会社で実現することができる。私にはそのように見えます。

「はじめに」で紹介しましたが、オイシックス・ラ・大地の社員の半数以上が女性で、多くが仕事と育児や介護を両立させています。社員数は2017年の約220人から

2020年には730人と3倍以上に急増し、パート社員や派遣スタッフを加えると2000人以上を超え、実に多様な人たちが働いています。

こうした多様性の中、個々の社員の成長と組織の成長をいかに結びつけていくか。これからの高齢化社会、そして多様なジェンダーへの配慮が求められる社会において、とても重要な課題ではないかと思うのです。

40代まで仕事をきちんと続けてきた人は、会社にとって財産です。その財産をこれまで以上に活かすためにも、本人が歩んできた道を振り返り、今後どんなことを極めたいのか、さらに経験を積むなら何をしたいのか、しっかりヒアリングすることが重要です。

それを会社の目指す方向と一致させることができれば、本人も会社も飛躍的な進化を遂げられると思うのです。

——年上の部下にどう接するか

また、自分より年上の40代の女性が部下になった場合どうすればいいか、という相談もよく寄せられるようになりました。新しく管理職になった人から、年上の部下にどう接したらいいかわからない、と相談されるのです。

敬語で話しかけるべきなのか、仕事の担当をこちらで割り振っていいのか。自分より経験がありそうで遠慮してしまうなど、いろいろ悩むそうです。

そういった相談には、次のように答えます。

「人生や仕事の経験は、間違いなくその人のほうが長いのだから、それは尊敬に値するんじゃないのかな。あなたがまだ経験していない部分かもしれないし、その部分にリスペクトがあれば、自然と敬語になるかもしれない。本人に与える役割も、これまでの経験を聞き出しつつ考えればいい。ただし、このチームのリーダーはあなただからね」

まずは相手をリスペクトすること。そうすれば、年上の部下でもスムーズにいくはずです。

第6章まとめ

◇ 女性のキャリアでは早く機会を与えることが必要。
20代でリーダー経験とキャリアの土台を。
30代の迷いの時期は、欲張りでもいい。

◇ 40代以降は、
個人の目標と会社のビジョンが
響き合うことを目指す。

第7章

タイプ別マネジメントの発想転換

7－1

チーム構成のポイントは「スキルの配分」より「熱量の高さ」

――圧倒的な熱量のある人を必ず1人入れる

あるプロジェクトのチーム構成を決めるとなった時、さまざまな要素を考慮すると思います。全体のまとめ役、緻密な計算ができる人、これまでの経験が活かせそうな人。それぞれどう配置するか、悩むところです。

ですが私の場合、まず重視するのは本人がやりたいかどうかです。

なんだ、そんな単純なことか、と言われそうですが、**適性や得意不得意より、熱量の高さが肝心**だと思っています。

チーム全員が熱い思いを持っていなくても、たった1人でも圧倒的な熱量があると、そ

のプロジェクトは動き出します。逆に、熱量を持った人が1人もいないと、失速してしまいます。

私の夫はレコード会社で働いているのですが、結婚式の時に当時の夫の上司が祝辞の中でこんな話をしてくださいました。

「ヒットを作るには、熱狂的な2人がいれば十分。ビッグアーティストが生まれる時には、いつもその2人がいる」

それと同じで、**組織には圧倒的な熱量を持った人が2人いればいいのです。いわば大将と参謀がいれば、その熱量に全体が引っ張られ、パワーが生まれます。**

私が加わった時のサマンサタバサは、創業して間もないのに、

「日本を代表するアパレルブランドになる」

という大きな夢を掲げていました。

それに向かって突き進む創業者の寺田さんが持つ熱量に引っ張られ、私も常に熱く働いていました。

PRのために出版社の編集部やテレビ局を回る時も、セレブにモデル依頼をする時も、必ず自分たちで商品を持って行って、自分たちの言葉で売り込んでいました。

まだ広報部もできたばかりだったので、寺田さんと私の2人で商品を持って女性誌の編集部へ行き、「こんなプランで、こんなふうに載せてほしいんです！」と熱く語っていたのを覚えています。

そんな努力の末、雑誌記事に商品を掲載してもらえることになったら、プライスやサイズなど商品情報に関することは、編集部に任せきりではなく、こちらがしっかりチェックしなくてはなりません。

当時、バイク便はお金がもったいないと使用禁止だったので、原稿をチェックするために、編集部に押しかける。

邪魔しないように、端っこのソファに座りながら様子を見計らって、

「ゲラはそろそろ出ましたでしょうか？」

と声をかけ、完成前の記事を見せてもらう。その場で赤入れをして、また会社に戻る。

現在のようにメールは日常的に使われていなかったので、原稿や仕事のやり取りのメー

ルをプリントアウトして持ち帰り、校了日間近になると、色校を抱きかかえて寝ていました。

そして夜中に、「あの部分に赤字を入れて修正しただろうか」とハッと思い浮かんでは何度も起きて、赤字を間違えていないか確認していました。

多忙でボロボロになりながらも、エネルギーが湧き出てきて、常にワクワクしながら仕事をしていました。

寺田さんの熱量は、もともとキャリア志向ではなかった私にまで伝染するほどのものでした。だからこそ、そういう人を必ず1人はチームに入れたいのです。

7－2

タイプ別アプローチは「自分の物差し」より「本人の物差し」

熱量の高さで分けた3タイプ

もちろん、熱量が高い人ばかり集めればいいというわけではありません。それだと、チームがどんどん暴走してしまうかもしれません。

熱量の高さは人それぞれ。私はマネジャーとして、本人の熱量に応じてアプローチを変えていました。少々乱暴かもしれませんが、ざっくり3タイプに分けられるかと思っています。

●やる気120%の猪突猛進タイプ

基本的にマネジャーとしては、「やる気があるだけで最高！」「そのやる気だけで100点！」という姿勢は崩しません。その上で、私は**最大の理解者としてバックアップ**します。**ただし、やる気120%のタイプは暴走してしまいがちなので、私は落ち着かせる役に徹します。**

「おっと、先走り始めてきちゃったね」

などとアラートを入れたりします。

そして、みんなをおきざりにしてしまわないように、一旦話を聞いて、次の行動を順序立てて一緒に確認します。

一緒に熱く盛り上がることも楽しみつつ、ペースダウンさせない程度に一息つくようにうながします。

●やる気は80%だが、まんべんなくうまくやるタイプ

なんとなく仕事をそつなくこなす器用なタイプで、意外と多く見受けられるかもしれません。しかし、放っておくと、仕事への熱はさらに下がってしまうかもしれないし、あまり何も得ることなく業務をこなすだけで終わってしまうかもしれません。

こういうタイプには、**どこか一部分を責任者として担当させ、成功体験を得てもらいます。**

最後までやりきる環境やチャンスを作って、その楽しさを知ってもらいます。

それを本人があまり求めていない場合には、リーダーのサポーターとして力を発揮してもらうようにうながします。いわば、参謀役です。

参謀として何をすべきか、本人の特性がどう活かせるかを相談しながら、その人なりの目標を見つけます。組織には、そういった参謀役は不可欠なのです。

私自身を自己分析すると、完全にこの参謀タイプです。チームにおいて不可欠な存在であり、実は一番の貢献者だったりしても、スポットがなかなか当たりづらい。なので、参謀タイプの仕事をしっかりと理解して、その都度きちんと評価することが大切です。

その時に注意が必要なのが、個人を評価するのではなく、その参謀がいたからこそこのプロジェクトがこううまくいっている、などと全体の中での本人の役割について評価することです。

なぜかと言うと、私自身がそうだからわかるのですが、ただ自分だけが評価されることに大きな違和感を抱き、逆にモチベーションが下がりかねないからです。

●モチベーション50％のやる気に欠けるタイプ

こういうタイプは、**無理に責任者やリーダーに指名せず、自分のスキルや経験が活かせる仕事を任せます。**

モチベーションを無理に上げようとはしません。ただ、その低さの原因となっている問題を解決することに時間を割きます。そして、**負の感情が他のメンバーへ連鎖しないように気をつけます。**

そして前提として、「喜びを感じる場所は人それぞれ」という事実をマネジャーがしっかりと理解するべきなのです。つい自分の物差しで測ってしまうので、やる気が50％程度に見えるのかもしれません。

そこで、本人なりの物差しで100％とは何なのかを探ってみます。その人なりの

100%を目指せるところが判明すれば、50%も100%に見えてきます。

マネジャーも人間なので、つい自分の物差しで相手を測ってしまいます。でも、**スタッフにとっての優先順位や仕事の大小をこちらが勝手に決めてはいけない、と日頃から自戒しています。**

7－3

サマンサ流アプローチは「みんな同じ」より「みんな違っていい」

類人猿性格分類で増収増益

サマンサタバサの社員だった頃のこと。ある日、寺田さんが興奮してこう話すのです。

「地元に帰ったらすごいスーパーの話を聞いた！　従業員をタイプ別に分けた研修やチーム編成で、ビジネスが成功しているらしい！」

それが、広島県のスーパーマーケット「エブリイ」が取り入れている「類人猿性格分類」でした。当時15期連続2桁増収、8期連続増益という快進撃を遂げていたスーパーで、従業員の満足度も非常に高いというのです。

ではさっそく、とまず寺田さんと私を含めた数人で研修を受けに行くと、的を射た分析でとても面白い。

「これは会社全体でやるべきだ！」

ということになり、全社員で2時間の研修を受け、みんなをタイプ別に分けたのです。

4タイプに分ける性格診断

類人猿性格分類「GATHER」（Great Apes Teach Human Eternal Relationships、大型類人猿が人間関係を教えてくれる）は、人間を4タイプに分ける性格分類法です。

具体的には、大型類人猿であるオランウータン、チンパンジー、ゴリラ、ボノボの4タイプ。それらの行動傾向の違いをもとに作られており、精神科医の名越康文氏が監修した実践的な性格分類です。

異なる性格や行動形態の4タイプの人々が、「社会」という森の中で共に過ごしているからこそ、その違いを認め、活かして、組織作りしていこうという考え方です（詳しく知りたい方は、Team GATHER Project著『類人猿分類公式マニュアル2・0 人間関係に必

類人猿性格分類の4タイプ

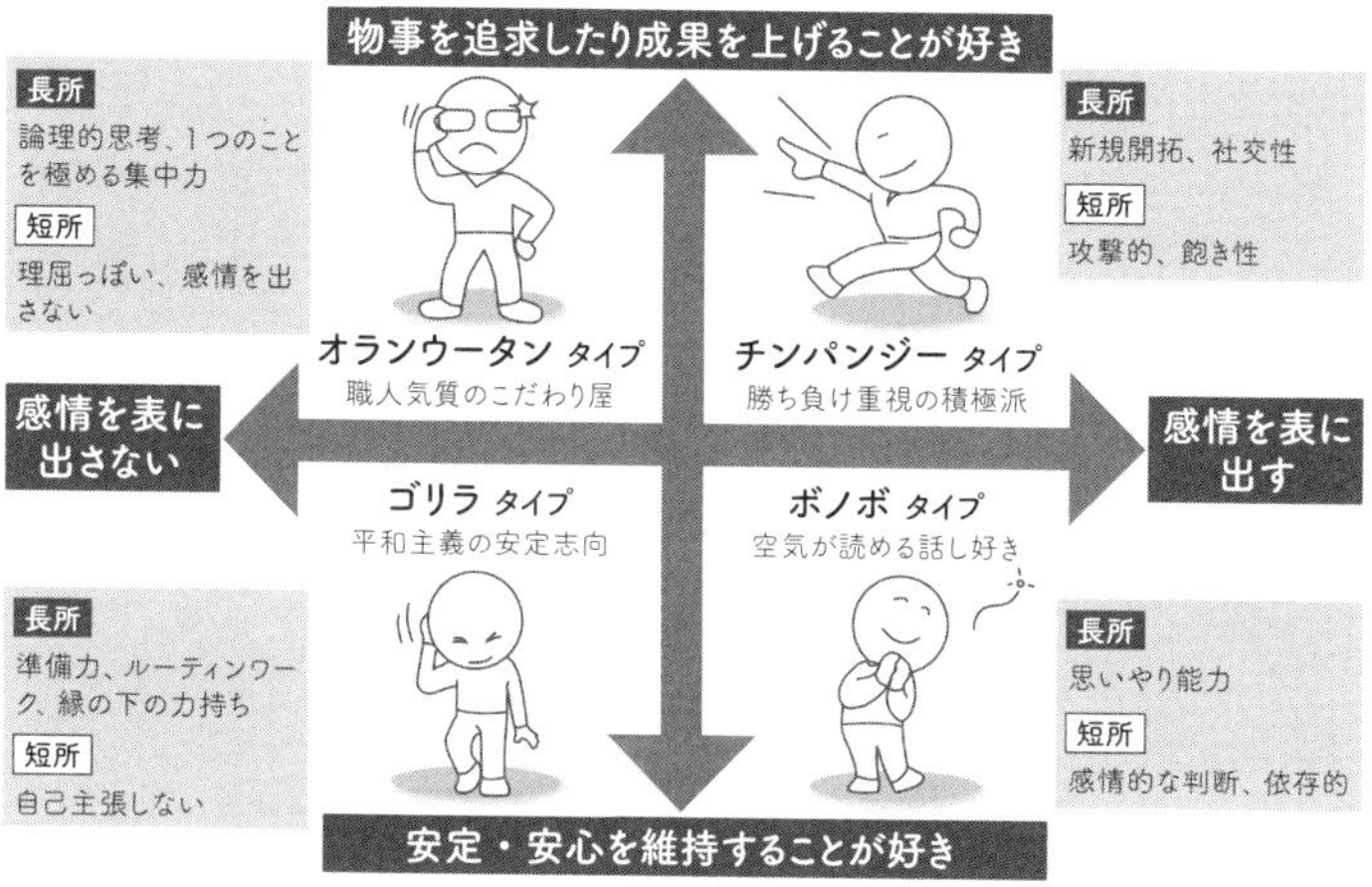

要な知恵はすべて類人猿に学んだ』を参照)。

2つの質問に答えるだけで、4つの大型類人猿のどれに当てはまるかがわかるのです。

4つの類人猿にはそれぞれ特徴があり、長所と短所もあります。

ちなみに、私は「ゴリラタイプ」です。寺田さんは「チンパンジータイプ」なので、それまでは私がちょっとした変更やルール破りを嫌がることが理解できなかったようなのですが、類人猿分類をやってからは、「世永はゴリラだから急な変更は嫌だと思うけど、会社的には……」

といった枕詞をつけてくれるようになりました。それによって私も、違和感のあることでもスッと受け入れられるようになった部分があります。

ただ性格診断を受けるだけで終わらないのが、サマンサ流です。

会社全体で、タイプに応じて社員証のストラップの色を変え、一目で誰が何のタイプかわかるようにしました。さらに、オリジナルのシールを作って、ネームプレートや手帳に貼れるように配布し、自分と相手の特徴を理解できるようにしました。

――コミュニケーションが円滑に

実際にやってみると、全員がぴったり当てはまるわけではなくても、意外とチームワークやコミュニケーションに役立つことがわかりました。

例えば上昇志向の強い「チンパンジータイプ」には、少しチャレンジングな仕事を与える、といったこともできます。

また、「ボノボタイプ」には、必ず本人の話を聞く時間を作ってからこちらの話をする、

「オランウータンタイプ」にはしっかりと話の初めから論理立てて話すなど、タイプ別に少し気遣いができるようになったのです。

面白いことに、社長をはじめ本社には「チンパンジータイプ」が多く、販売スタッフは、空気が読めて話し好きで安定志向の「ボノボ」が多いという結果が出ました。

「さまざまなタイプがいて、相手は自分と違う。でもそれでいい」と思えるようになり、社内のコミュニケーションが円滑になりました。

ここまでやる会社はあまりないかもしれませんが、ポイントは要するに、**相手を知り、相手の個性を認める**ということです。

——自分と違うタイプを選ぶ

採用の面接官を務めている時に気づいたのですが、人間はどうしても自分に似たタイプの人を採用したがるものです。そうすると、会社は似た者同士ばかり集まってしまいます。

しかし、**さまざまなタイプを組み合わせることで、チームに化学反応が起きます。多少**

の摩擦を恐れずに組み合わせることで、互いに影響し合って成長のきっかけになります。

それに気づくのに、サマンサタバサでは類人猿性格分類がいいきっかけになったと思います。

しかも、いろんなタイプがいてこそイノベーションは起きます。適材適所でいろいろなタイプの人が活躍してくれたほうが、会社にとっては望ましいのです。

第７章まとめ

◆ 圧倒的な熱量をチームに１人。
それを支える論理的な参謀と
多様性があればチームは成功。

◆ 人は自分と同じタイプを選びがち。
多様性は意識しなければ生まれない。
それがチームに化学反応を起こしていく。

第8章

ワーキングマザーのサポートに必要な発想転換

8－1

「ママの働きやすさ」よりも「ママを含めた全員が選べる柔軟な働き方」

4割以上の女性は第一子の出産を機に離職している

産休や育休の制度が整い、女性が産後も働き続けることが徐々に当たり前になってきました。

それでも、リクルートワークス研究所の調べによると、依然として約44％の女性が第一子の出産後1年以内に、仕事を辞めてしまっています。

出産を理由に女性たちが退職することは、大きな経済損失になっています。第一生命経済研究所の調査によれば、出産退職する女性は年間約20万人にのぼり、その分の所得減と企業が失う収益を合計した経済損失額は、1・2兆円にのぼるそうです。

第一子出産後、離職する人は44%

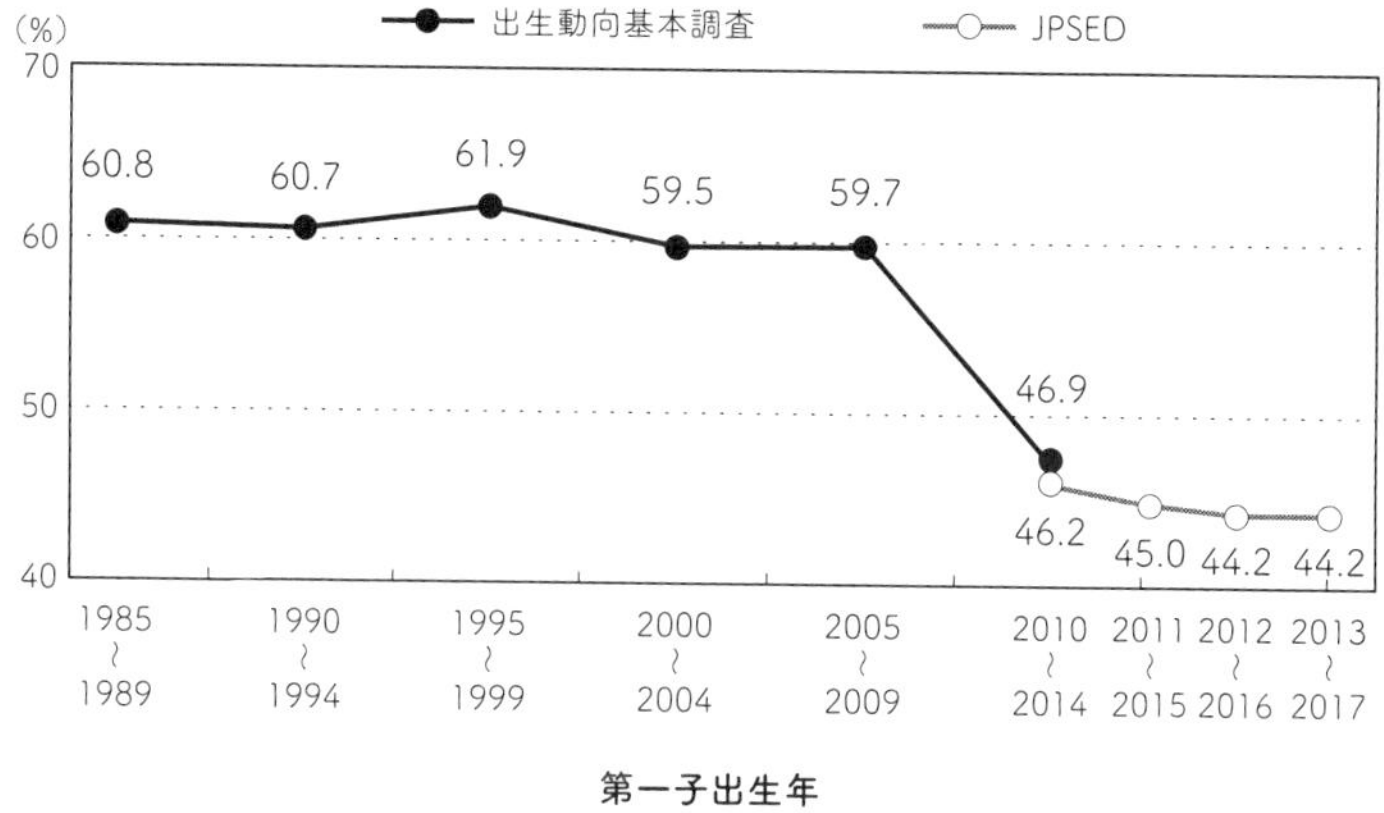

※厚生労働省「出生動向基本調査」（2015年）、リクルートワークス研究所「全国就業実態パネル調査（JPSED）2016～2019」より
※第一子の妊娠がわかった時に就業していた女性のうち、第一子が1歳になった時に非就業になった女性の割合

出産退職がもたらす経済損失は1.2兆円

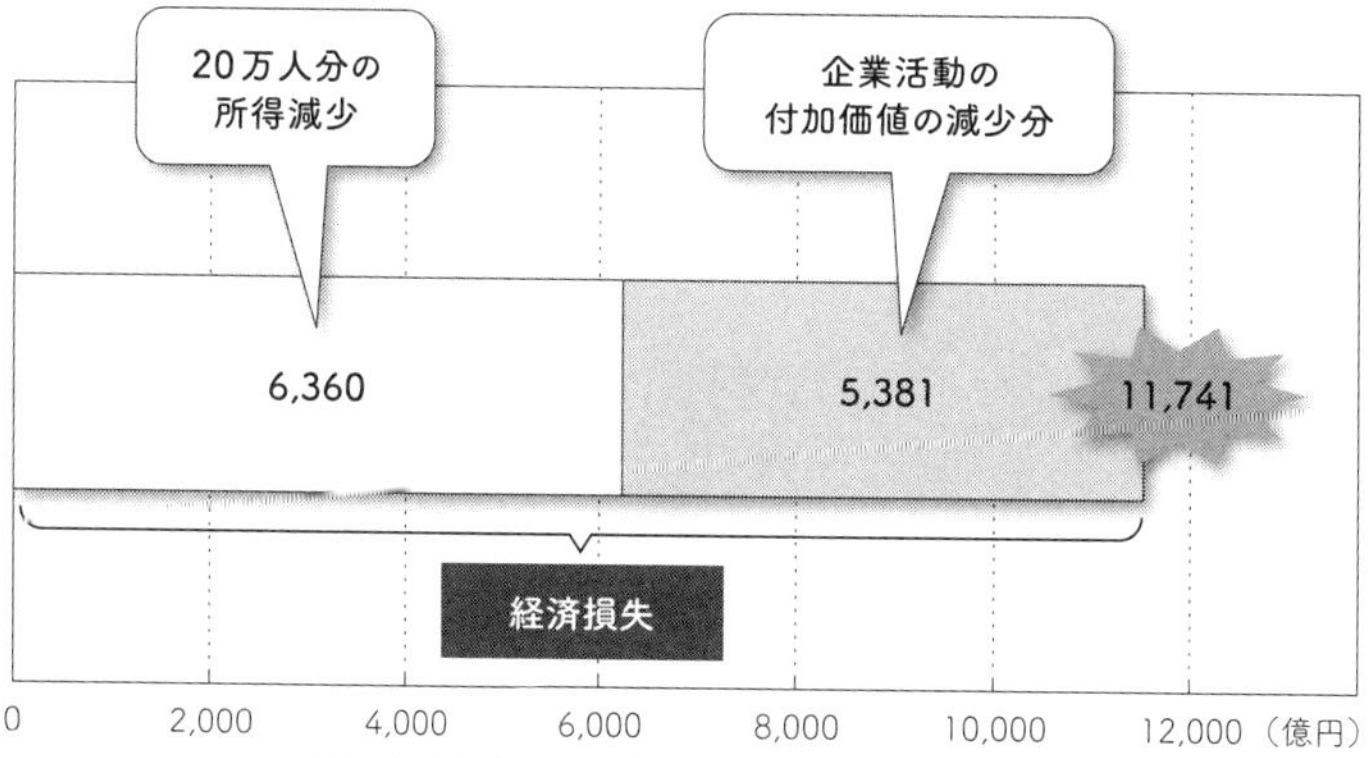

※第一生命経済研究所「出産退職の経済損失1.2兆円」（2018年8月）より

しかも、育休を経て仕事に戻っても、仕事の負担が重かったり働き方が合わなかったりして、復帰後1年以内に退職してしまう人も多くいると聞きます。

――柔軟な働き方を選べるように

出産後の離職を防ぐためには、まず柔軟な働き方を選べるように体制を整えることが必要です。

例えば、私がPeople's adviserとして関わっているオイシックス・ラ・大地では、リモート会議を当たり前のように活用しています。

子どもが病気で看病しなくてはいけない、半日だけなら家から働ける、といった事情を抱える人たちでも、仕事を休まずにコミットすることができます。何の遠慮も気兼ねもいりません。

これは、女性だけでなく男性でも、育児や介護、そして出張の時に活用できます。**女性の働きやすさを改善しようとすると、結果的に社員全員が働きやすくなる**のです。

忘れられないのが、部門長を集めた会議での高島社長の発言です。まず大前提として、リモートで働きたいけれども、気まずくて申し出られないというケースは絶対ゼロにしてほしい、とかなり強くおっしゃったのです。

働き方改革、リモート推奨、と声高に叫ばれ始めているけれど、一体どれくらい根本的な解決になっているんだろう――。日々ワーキングマザーとして右往左往する中、個人的に疑問に思っていました。そのため、この発言にはかなりの衝撃を受け、会議室の片隅で密かに大拍手を送ったのを覚えています。

働くママに限らず、**希望する働き方は個人によって異なるけれども、選択肢は多いほうがいい**のは間違いありません。2020年初めから猛威を振るった新型コロナウイルスにより、働き方の多様性が必要だということが改めて浮き彫りになったと思います。これはむしろ、ワーキングマザーなどにチャンスが到来していると考えることもできます。

ただ、柔軟な働き方を可能にするためには、体制や環境の整備以外に、マネジャーによるサポートという面でできることがたくさんあるように思います。

8 - 2

「いつも大変そうだね」よりも「いつもありがとう」

——謝らなくてもいい、理解ある職場環境を

保育園に送りに行くと、「ごめん。ママはお仕事に行くね」。

電車に子どもと乗れば、「すみません、邪魔になってしまって」。

会社を出る時は、「お迎えの時間なので、すみません。お先に失礼します」。

保育園のお迎えで、「ごめんね、遅くなって」。

働くママは、いつもなんだか後ろめたさを感じていて、ずっと謝ってばかりです。

「なんでこんなにいつも謝っているんだろう」

「何のためにがんばっているんだろう」

私自身、そんな自問自答をずっと続けてきた気がします。

ただ、私の場合は環境に恵まれていました。

サマンサタバサでは部門長として初の産休と育休の取得者となったのですが、仕事復帰と同時に、事業所内保育所「タバサルーム」が立ち上げられました。東京都の事業所内保育施設支援事業の第一号です（現在は会社移転のため閉園）。

当時、社員の平均年齢は、現在よりもさらに若く23歳程度で、95％以上が女性でした。「結婚や出産、育児をしながら仕事を続けられる職場環境を」というのは、寺田さんがずっと考えていたことの一つだったそうです。

長男の産後1カ月目くらいに、寺田さんから電話がかかってきました。

「事業所内保育所を作ることになったから、よかったら使って。でも、世永のために作ったわけじゃなくて、5年前から構想していたんだ。もし世永が復職しなくても、保育園はオープンするからプレッシャーに思わないでね」

月を見ながらベランダで電話をしていたので、その時に見たきれいな三日月は今でも思い浮かびます。

いつでも復帰できる保育所があるのなら、ちょっと行ってみようかなという気持ちで会社に戻り、長男は生後4カ月で第一号の入園者となりました。


それに、社員みんなが大家族のように子どもを育ててくれました。会議室のテーブルにバンボ（簡易ベビーチェア）を置かせてもらったりもしました。寺田さんは、

「世永は17時までの勤務だから、それまでに会議を終わらせよう」

などと提案して、時間を設定してくれていました。

時期によっては、どうしてもスタッフが残業せざるを得ず、上司である私に相談したいことも出てきたりします。そんな時は、メンバーは私を会社に引き留めるのではなく、

「今日の夜、LINE電話できる時間ありますか？」

と気遣ってくれたりしました。

また、寺田さんが「子どもも連れてこいよ！」とよく言ってくれたので、終わり時間が見えなかったり、どうしても休日に入ってしまったりするCM撮影の際は、スタジオで子

どもをおんぶしながら立ち会っていました。

写真家の蜷川実花さんのお子さんと長男が同い年で、お互い子連れで撮影に臨んだりもしました。

今では、仕事と子育ての両立のために最大限配慮するのは当たり前になりつつありますが、当時にしてはかなり先進的な試みだったようです。

その証拠に、事業所内保育所について、そして仕事と子育てについて、月に何本も取材を受けました。テレビでも取り上げられ、かなり大きな露出量だったと記憶しています。

――「ごめんなさい」より「ありがとう」

このように私自身が恵まれていたからかもしれませんが、**ママたちには「ごめんなさい」という口癖を「ありがとう」に変えてほしい**と思います。

助けてくれる周囲の人に、「ありがとう。助かるよ！」とお礼を言うのです。

謝ってばかりだと、周囲も迷惑をかけられている気になってしまったりします。でも、

「ありがとう」は誰でもうれしくなる言葉です。人の役に立っていると感じさせてくれます。

そしてマネジャーとしても、**「いつも大変そうだね」**という声がけもいいのですが、**「いつもありがとう」**という感謝の言葉をかけてもらえたらと思います。**ワーキングマザーは周囲が思っている以上に、罪悪感や負担感を背負っている**ものです。

マネジャーが率先して「ありがとう」と言うだけで、ワーキングマザーをサポートしようという空気が醸成されると思います。

8－3

「ママだから負担を減らす」よりも「何ならできるかヒアリング」

本当はプレスに戻りたかった

マネジャーとしてのワーキングマザーへの対応については、私も反省させられた経験があります。

サマンサタバサで育休を終えて仕事に復帰したある女性に、時短勤務で伝票整理やデータ入力などの事務業務を担当してもらっていました。すると、ある日彼女が私のところへ来て、こう言うのです。

「もともとプレス担当だったので、本当はまたそういう仕事がやりたいと思って悩んでいます」

とても驚きました。彼女は早く家に帰って、子どもとの生活に時間を割きたいタイプだと、私が勝手に思い込んでいたのです。仕事はセーブして、ほどほどに働きたいのだ、と。プレスの仕事は、イベントやメディア対応などで、予定通りの時間に終わらないことも多々あります。彼女は、そういうプレスの仕事にやりがいを感じていたのに、こちらの思い違いで、なるべく負担のない仕事へと思い、そういう役割にしてしまったのです。

彼女の思いを聞いて、

「すごく感動した！　ごめんね、重荷になっちゃうかと思って、仕事量を減らしていたの」

と謝りました。

「何がやりたい？　何だったらできそう？」

とすぐに聞き、本人の上司と一緒に、どんな仕事ができるかを考えていきました。

子どもがいるからといって、特別扱いしすぎてもいけないし、十把ひとからげにしてしまってもいけないと、猛省しました。

――ワーキングマザーは十人十色

女性も男性も一人ひとり違っているように、ワーキングマザーも十人十色です。同じワーキングマザーでも、求めているもの、送りたい生活はそれぞれ違います。

「週に1、2回は、少し残業してでもがっつり仕事に取り組みたい」「責任ある仕事をこなすために夫も協力してくれる」という人もいれば、「今は子どもとの時間を大事にしたい」「家に帰ったら家庭に集中したいので、メールや電話は会社にいる時にお願いします」という人もいるでしょう。

さらには、ベビーシッターをお願いすることに抵抗がある人、ない人、実家が全面的にバックアップしてくれる人、周囲に頼れる親族がいない人など、そのサポート体制も多様です。

自分自身がいつも実家に子守を頼んでいたマネジャーが、

「実家に手伝ってもらったら？」

と安易に言ってしまったりすると、本人の実家が子守に積極的でなかった場合、傷つけてしまいます。

しかも、出産する前は産後もバリバリ働くつもりでも、いざ生まれてみるとそんな思いが吹き飛んでしまうという人もいれば、家庭を優先するつもりでいたのに、育休中に一日中家で過ごしているうちに仕事したいという気持ちがふつふつと湧いてきた、という人もいます。

さらに、子どもによっても全然違います。夜はすやすやと寝てくれる子もいれば、1歳を過ぎても毎晩何度も夜泣きを繰り返す子もいます。イヤイヤ期が激しい子も、そうでもない子もいます。それは本人の個性であって、育て方の問題ではありません。

そういうわけで、「子育てが大変だろうから、仕事を減らそう」「お迎えがあるだろうから、楽な部署に移してあげよう」などと、推測だけで本人の働き方を決めてしまうのは、ありがた迷惑になるかもしれません。逆に、やる気を失わせる可能性もあります。

きちんとヒアリングする

母親業は、他のどんな経験とも違うので、とにかくやってみるまで何もわかりません。特に、初めての出産の場合は、子どもを育てるのも、育てながら働くのも未経験です。仕事から長い休暇をとるのも初めてだったりします。第二子だったとしても、複数の子どもを同時に育てるというのは、それはそれで未知の経験です。


だからこそ、**徹底したヒアリングが重要**です。まずは、

「どうしたい？　どんな心配事がある？」

と聞くところから始めるといいかと思います。

家族はどれくらいサポートしてくれているのか、旦那さんは長時間労働をしているかどうか。役割分担はできそうか。

ベビーシッターや家事手伝いなどのアウトソーシングは予定しているかどうか。

子どもが病気になった場合は、どう対応する計画なのか。

保育園のお迎え時間は何時か。その時間は厳守しなければいけないのか、それとも延長保育をお願いできる環境なのか。こういった事情が保育園によって違うということを知らない人は意外と多いと思います。

そして、どのように働いていきたいと思っているのか。仕事内容や時間帯のほか、新しくやってみたい業務もあるかもしれません。

しかし、本人が出した希望でも、そのままうのみにしないほうがいいかもしれません。というのも、自分の希望ばかり積極的にアピールしたら、周囲に迷惑をかけるのではないかと気にしていたりするからです。

それに、**復帰してから働き方について心境の変化があるかもしれない**のです。**やっていくうちに、少し違った働き方が見えてくるかもしれないし、もっとうまく仕事を回す方法が見つかるかもしれません。**

いずれにしても、ワーキングマザーにとって直属のマネジャーは、とても重要な存在です。

加えて、私が気をつけているのは、自分の経験を語りすぎないことです。

もちろん聞かれたら話しますが、「あそこまでがんばれない」と思われてしまうのが、女性のマネジメントにおいて最も避けるべきことだと思っています。頂は人によって違っていて、登り方も人それぞれです。なので、自分の歩んできた道が正解であるかのように相手に押しつけないように、そして「世永さんのようにはなれない」と思われないように注意しています。

あくまでも十人十色の人生を、会社のビジョンとどうすり合わせていくか。それが大事なマネジャーの役割であり、腕の見せどころだと思っています。

8－4

「ママだから担当を外す」よりも「ドタキャン前提でプランBを用意」

――事前に一言伝え、周囲もココロの準備

保育園に預けたての頃の子どもは、よく病気をもらってきます。

私自身、仕事に復帰してから最初の半年間は、毎日15時頃になるとドキドキしていました。お昼寝明けに、

「お熱です。お迎えお願いします」

という電話がよくかかってきたからです。電話がなければ、ホッとしたものです。

子どもは、何度も熱を出したり、病気になったりします。それは親の努力ではどうしようもないことです。

もちろん、できるだけ周囲に迷惑をかけたくないと誰もが思っているはず。スケジュー

ルを崩さないように、先回りして準備できることはしているでしょう。

それでも、仕事に穴を開けなくてはいけなくなると、ママは罪悪感に駆られ、先の予定を入れるのが怖くなってしまいます。

だから、私が子どものいる女性とアポをとる時は、仕事でもプライベートでも、

「お互いドタキャン前提でね」

と言うようにしています。仕事先にも、

「申し訳ないのですが、子どもがいるので、もし何かあれば急にスケジュール変更をお願いするかもしれません」

と、事前に一言伝えておきます。

もちろんよっぽどのことがなければ、実際にはドタキャンしないのですが、理解してもらえるだけで救われるのです。

これは、ワーキングマザーとの付き合い方のヒントだと思っています。

常にイレギュラーなことが起こりうるという前提でスケジュールやプランを立てて、何かあった時にバックアップできるように情報を共有しておく。

万が一の時に、「あの人がいないと何もわからない」となっては、仕事が回りません。本人の責任も重すぎます。

「ドタキャンOK」を前提にし、プランBを用意しておく。そうすれば、ワーキングマザーの心は軽くなります。それは本人だけでなく、周囲も頭の片隅に入れておくだけで、みんなが心の準備ができます。

私自身、子どもたちが小学生と中学生になった今でも、2週間先の予定を組む時、すごく胸がドキドキします。正直言って、とてもブルーな気持ちで、プレッシャーに押しつぶされそうになります。

「この日に熱を出したらどうしよう」「予定変更をお願いすることになったら……」。そんな不安を抱えながら、一つひとつの仕事と向き合っているわけです。

ワーキングマザーの5分は想像以上に貴重

もう一つ気にしてあげたいのは、ワーキングマザーの時間に対する感覚です。すべてのワーキングマザーに共通しているのは、常に時間の制限があるということです。

保育園や家で、自分を待っている子どもがいます。好きなだけ仕事に時間を費やすことはできません。

それに、ワーキングマザーにとっての5分間は、想像以上に貴重なものです。保育園へのお迎えのために、17時に帰らなくてはいけない。そうであれば、会議をするならそれまでに確実に終わる時間に設定すべきだし、退社時間ぎりぎりになって新しい仕事や修正を頼むようなことはNGです。

「ちょっとだけ」と5分引き留めるだけで、いつもの電車を逃し、お迎え時間に遅れてしまうのです。

それによってその家庭と保育園、子どもと親、上司と本人など、さまざまな信頼関係に傷を残します。

「ちょっとだけ」なら、明日の朝に回したり、どうしても急ぐなら後でメールしたり。いろいろな代替策により、たった5分が生む想像以上のストレスを回避できると、長く続くワーキングマザーと会社の二人三脚はうまくいくと思っています。

日々の積み重ねから信頼関係が生まれ、その結果すべてがスムーズに回るようになるはずです。

8－5

「保育園に預けられてかわいそう」よりも「働くママはかっこいい」

——いまや働く母が7割。会社はその事実にアップデートを

親が働いていると、「保育園に預けられてかわいそう」とか「一緒にいる時間がなくて寂しいんじゃない？」と思う人が今でも多いようです。

共働きが当たり前になってきた今でも、こういう発言を耳にすることはよくあるようです。私自身、社内でそのようなことを言われた経験はありませんが、プライベートでたまにそう言われて、そのたびに大きく傷ついた記憶があります。

でも、「保育園に通う子はかわいそう」と言われる時代は終わり、**「働くママはかっこいい」時代がやっと来た、**と思っています。

18歳未満の子どもがいる母親の就業率は7割以上

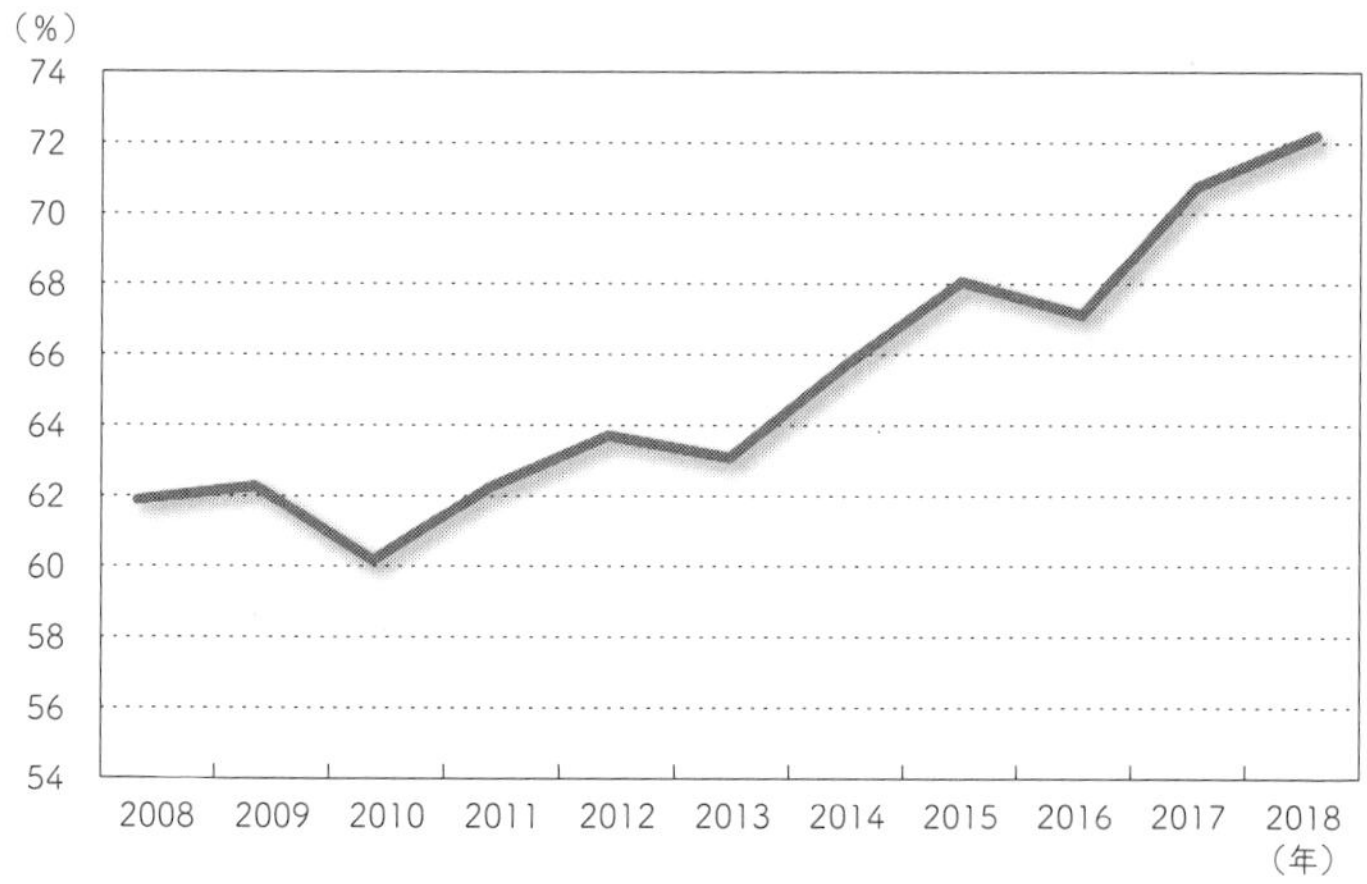

※厚生労働省「国民生活基礎調査」(2008〜2018年)より

厚生労働省の「国民生活基礎調査」によると、18歳未満の子どもを持つ母親のうち、働いている人は、2018年時点で72・2%も占めています。10年前の2008年に比べると、10ポイント以上伸びています。

さらに、働く母親に育てられた男子は、自分の妻の仕事に理解を示す傾向が高く、家事や育児への参加度も高いとも言われています。

子どもたちに働く楽しさを教えられるワーキングマザーは、もっと自信を持っていいのにと思うことが多々あります。そして周囲は、その自信をどんどん引き出してあげてほしいと思います。

——「お仕事しているママが自慢」

私は20年近く会社員として働いてきたのですが、40歳を過ぎてサマンサタバサでの正社員としての働き方を卒業する時、本当は仕事自体をきっぱり辞めるつもりでした。子どもたちともっとのんびり時間を過ごしたいなと思っていました。家事も嫌いではないし、ママ時間をメインにしてもいいかなと。

でも、会社を辞めると言った時、家族は猛反対しました。

「働いているママが楽しそうだから」と長男は言いました。それに、「ママとの今の距離感が心地いい」と。

長女は、「お仕事しているママが何より自慢」と言ってくれました。

結局、会社員でなくなった今も、私は相変わらず走り回るワーキングマザーです。

子どもたちはお迎えのいらない年齢になりましたが、夕ご飯を毎日作って一緒に食べるのは私の大事な時間です。

そして、仕事に全身全霊で挑む熱い夫は、いつも私の応援団長。

「マジでピッカピカだからよ。頂点目指せよ！」

だそうです（笑）。

――すべてのワーキングマザーにエールを

実は、第二子を産んだ後も、退職を考えた時期がありました。

もともと家事が好きで、主婦業のほうが向いていると思っていました。娘は夜泣きがひどくて2歳までは1時間おきに起きていたし、上の息子と4歳離れていて、その時の子育てに比べると私の体力も格段に落ちていました。

睡眠不足で会社へ行き、育児にも追われるうちに、もっと家の仕事に集中したいなと思うようになっていました。

寺田さんに、家庭との両立に限界を感じていると伝えに行ったところ、

「やってみないとわからないから、やってみなよ」

と言われました。


そうか、できないと決めつけていたのは自分だった。

夫も、私が働いているからこそ、いろいろ仕事の話ができることを喜んでいたし、母も義理の母も、誰もが「続けてみたら」と背中を押してくれたのです。

なぜなのかわからないのですが、みんなが私の可能性を信じてくれていました。あの時、私だけが自分の可能性を信じられなかったのです。


今はつらいかもしれないけれど、子どもは大きくなり、少しずつ落ち着いていく。そこに至るまで、「今」を乗り越えられるよう、マネジャーは本人の可能性を信じてサポートしてほしいと思います。

――働くママだからこそアドバイスできる

上の子が中学生になり、将来のことなどを視野に入れて話をするようになりました。その中で、私が仕事をしてきたからこそ、わかってあげられることがあります。

「大人になるって楽しいよ」

とか、

「将来こういう仕事をしたいんだったら、こういう道に行ったらいいんじゃない？」

といったことをアドバイスできる。

そんな時、働いていて良かったなとつくづく思います。そして、同じようにがんばっているワーキングマザーの仲間たちにも、そんな気持ちを持ってもらえたらいいなと願っています。

第8章まとめ

◇

罪悪感でいっぱいのワーキングマザーに
謝らなくてもいい職場環境を。
「ごめんなさい」を「ありがとう」に変えて。

◇

産後のキャリアも十人十色。
まずは本人の希望をヒアリング。
複数の復帰プランを一緒に考えよう。

第 9 章

すれ違いを生む上司の言い分、部下の言い分

9－1

上司から部下への遠慮が生むすれ違い

上司「女性部下だと、男性部下のようにはガンガン仕事を振りづらくて。別に女性を過小評価しているわけじゃないんだけど……」

部下「どんどん仕事を任せてほしいのに遠慮され、のけ者にされている気分」

〈世永流マネジメント〉

「仕事を依頼する理由、依頼していない理由をきちんと説明していますか？　面倒くさがらず、逃げず、向き合って、互いに理由を説明するチャンスを十分に作ってみては？」

仕事には、それぞれの適性があります。上司は、それぞれの適正に合わせた仕事を割り振るものだと思います。

そしてきちんと仕事を完了させるためには、時には一定の人に負担がかかる仕事分担をしなくてはいけない。その思いはとてもよくわかります。

しかし、それが自分でないことで**「のけ者にされている」と思う人がいるということは、その仕事分担の意味や理由がきちんと伝わっていないのかなと思います。**

個人的には、仕事を依頼する時には、必ず次のことを話すようにしています。

仕事自体の理由

- □**その仕事が発生した理由**
- □**本人に依頼した理由**
- □**その仕事のゴールイメージ**

担当を決めた理由

□会社として期待している成果は何か
□今回どんな役割を期待しているのか
□何を得て成長してほしいのか
□どんな経験をしてほしいのか

少し時間がかかったとしても、**仕事の入り口を丁寧に紐解く**ことを大事にしています。

そして、目指す先をきちんと共有しておき、その都度、

□道がずれていないか
□途中に大きな石はないか

を早め早めに確認します。

一概に言えるわけではありませんが、女性たちの不満を聞いていると、男性管理職のほうが「頼みやすい人に仕事を振る」傾向にあるように思います。

なんとなく話しかけやすい同性や、価値観が似ている人に、昔ながらの体育会系のノリで仕事を頼んでしまっているかもしれません。

昔ながらの体育会系の感覚はもはや通用しないと思っています。チームには、男性も女性も、ＬＧＢＴの人も、外国籍の人もいる。多様なメンバーでチームを組んでいく以上、丁寧なコミュニケーションと適材適所は必須です。

9－2

言い方のきつさが生むすれ違い

上司「言い方がきつくて、突っかかってくる感じの女性がいてやりづらい」
部下「男性はやたらと飲み会とかで丸く収めようとするけど、お互いに言うべきことはきっちり言わないと」

〈世永流マネジメント〉
「正義感が強い、真剣、熱い人。個性として受け止めてみてはどうでしょう？　そしてやんわり良い言い方を伝えてあげては？」

まず、相手が女性だからきつい言い方が気になっている、ということはありませんか？　**個人のやり取りで違和感があった時、一度「これが男性だったら？」と考えてみることも大事**だと思います。

男性できつい言い方をする人は気にならないのに、女性だから気になるということもあるかもしれない。自分にわずかながら固定観念や無意識の偏見があったと気づくこともあるかと思います。

私だったら、

「出たー！　その言い方、ちょっと怖いよ～」

と笑って言ってみたりもします。それは、男性マネジャーだとなかなか難しいかもしれません。

もし相手が新入社員など若い世代で、意見を聞いてくれそうならば、私ならこう指導します。

「その言い方だとこの先、誤解を生んで損しちゃうと思うな。もう少しこうやって言ったほうが相手に伝わると思うよ」

ただ否定するのではなく、ベターな言い方を教えてあげるとより良いコミュニケーションが生まれると思います。

そして、**言い方がきついのは「個性」と、割り切ることも必要**かもしれません。自分がずっとやってきたことを変えるのは、特に大人になってからは難しいですよね。

お友だちにもいませんか？　いいヤツだけど、言い方のきつい人。でも、そういう人って、きっと物事に真剣で、熱くて、正義感が強かったりしますよね。

何かに対して熱い思いを持っているのだから、その思いの核にあるものを理解してあげたい。その本意を読み取れるようになれば、大して気にならなくなるはずです。

マネジメント力＝問題解決能力だと思っています。きつい言葉の奥にある問題を、しっかり受け止めてあげたい。私はいつもそう思っています。

9－3

昇進した、しないをめぐるすれ違い

上司「ある人を昇進させたら、別の女性が『あの人が昇進ってどうなんですか』と。これまで出世欲なんて一切見せたことなかったのに」

部下「他の人が昇進したことより、自分のがんばりを見ていてくれなかったことがショック」

〈世永流マネジメント〉

「誰しも、ライバルが自分より評価されると素直に喜べなかったりします。本人が納得するまで話にとことん付き合ってあげれば、本心が見えてくるかも」

誰かが昇進すると出てくるのが、「なぜ私は昇進させてもらえなかったの」と言い出す隠れ出世欲タイプ。

女性はなかなか自分から「昇進したい」と言わないので、「そんなタイプだったっけ」と驚くかもしれません。

女性だけではなく誰しも、自分の同期が先に出世したりすると、素直に喜べない気持ちがありますよね。ライバルだと思っていた人が自分より評価されたら、正直言ってうれしくないと思ってしまうのは当然かもしれません。

確かに、表向きは一緒に喜んでいるのに、

「あの人があの立場ってどうなんですか？」

と裏で聞きにくる人はいると思います。

「でもね、それだけの責任と負担があるんだよ。こういう業務が、今のあなたの仕事にプラスされるとなると、それはそれで大変だと思うんだよね。自分に置き換えると、なかなか難しくない？」

そう話すと、「まあ、それは嫌だけど……」と、すんなり納得してくれたりします。

昇進したことでその人に課される責任や業務をきちんと説明すれば、「うらやましい」こ

とばかりではないと気づくはずです。

あとは、とことん話に付き合ってあげる。面倒だと思うかもしれませんが、その言葉の裏には、「本当は、こんなことにチャレンジしたかった」という意欲や、「こんなことをがんばったのに、上司はきちんと見てくれていなかったのでは」という不満が隠れていたりするはずです。

それをきちんとすくい取ってあげなかったから、妬みや不満のような形で表現されてしまい、それが他者に向いてしまっているんだと思います。

これは、不満というネガティブな言葉で処理されてしまうにはあまりにももったなさすぎるメッセージで、**本人の「こうしたい」「こうなりたい」「こうできる」というwillが詰まった大切なメッセージだとしっかり受け止めるべき**だと思います。

もし本人が、「私でもできる」と言うなら、役職を与えるまでいかなくても、私なら同様の機会を用意してチャレンジしてもらいます。

女性の隠れ出世欲をどうキャッチして、機会を見つけて本人の立ちたいステージに立たせてあげるのか。意欲を表に出さない女性だからこそ重要かもしれない。私はそう思っています。

9－4

仕事中の雑談はアリかナシかをめぐるすれ違い

上司「女性は雑談が多い。楽しく仕事してくれるのはいいけれど、生産性が落ちる」
部下「誰も口をきかないと息が詰まりそうだし、雑談のすべてが無駄ではない！」

〈世永流マネジメント〉
「その日の仕事がちゃんと終わっているのなら、見逃してあげては？　ガス抜きは必要だし、女性の雑談には思わぬ効果も」

サマンサタバサは女性だらけの職場だったので、仕事中も常に会話が止まらないほど、みんなよくおしゃべりしていました。

そんな女性たちの雑談を無駄だと一言で言ってしまえば終わりですが、**雑談の中にたくさんのヒントがあります。**

例えば、**本人の興味の方向や心理状況の変化、仕事への姿勢や悩みなど**が隠れています。それがマネジャーとして、スタッフの状況の把握に役立ちます。

それだけではありません。今どんなものが流行っているのか、何が話題になっているのか、女性たちは敏感なアンテナですぐにキャッチしてきます。

アパレルに限らず一般的に、**消費は女性が決定権を握っていることが多い**と言われています。

家庭では、妻が子どもだけでなく夫のものも購入している場合が多いと言われます。旅行に行く時、家具を買う時、ものを選ぶ時、恋人や母や妻や姉など、女性の意見が決定打になっていたりします。

男性がターゲットの商品でも、女性の目を気にして開発されているものが多くあります。

そんな女性たちの雑談に耳を傾けていれば、新たなビジネスアイデアが生まれるかもしれません。

サマンサタバサでも、

「この前、テレビをつけたらこんな人が主演していて……」という他愛もない会話から、「じゃ、その人にプロモーショナルモデルをお願いしてみたらいいんじゃない？」という仕事の話に発展することもありました。

もちろん、雑談で仕事がおろそかになるのは問題です。でも、おろそかになるのは、その程度の仕事しか与えられていないということ。**意義のある仕事を与えられていれば、自然と仕事に気持ちが向かうはずです。**

おわりに

大学を卒業して最初に就職したアミューズで、まだ新入社員研修中だった時のこと。私は、新しいR&Bレコードレーベルを立ち上げるプロジェクトに入ることになりました。そして、右も左もわからないまま、プロモーターという役割を与えられました。

本体のアミューズと異なり、とても小さなチームで、会議にいつも会長がいるようなサイズ感。新卒にはレベルが高すぎて、刺激が強すぎるくらいの環境でした。

毎日、何百枚というCDをカバンに入れて、ラジオ局や出版社、レコード店を回って売り込む。前任者がいなかったので引き継ぎもなく、何が正解かもわからずに無我夢中、そして暗中模索。何をしたらいいのかわからず、他のレコード会社の人の見よう見まねで、とにかくがむしゃらにやっていました。

ラジオ局のディレクターさんにCDを売り込もうとしても、そう簡単にはいきません。

当時は、レコード会社にプロモーターが通してもらえるスペースがあり、そこに朝からドキドキしながらひたすら待機します。ディレクターさんが、「ちょっとジュースを買いに行こうかな」と立った瞬間に走っていって、「すみませんが、お願いします！」とCDを渡す。そんなアナログなスタイルでした。

やっと渡せたのに、次の日に様子を見に行くと、ブーメランボックスと呼ばれるゴミ箱のような場所にCDが捨てられているのを見て、涙する……ということを繰り返していました。

私は覚えていないのですが、「毎日駅まで迎えに行くと、あなたがいつも泣いていたのよ」と母から後で聞きました。

でも、がんばった末にやっととれた小さな紹介記事や、「あの曲聞いてみたよ」と言ってもらえた時の喜びは、とても強く覚えています。

そこから始まった私の社会人人生。すべてに100％を捧げ、がむしゃらに働いてきた20年ほどの中で、節目と思えるタイミングが何度かありました。

1度目は、27歳になった時。

霧が少し晴れたかのように、「あれ、ちょっと良い景色が見えるようなところまでがんばって登ってきちゃったかも」と思える瞬間がありました。

次は、30歳を目前にした時。

ふと見渡したら、「こんなに後ろに道がつながっていたんだ。次はどの道へ行こうかな」と先を少し見られるようになっていました。

そして40代に入り、日々起こることにとても冷静に向き合い、怒りにも静かに対処できるようになりました。

嫌なことがあっても、相手からいただいた名刺の名前を見て、

「あー、この人も親から素敵な名前をもらって、愛されて生きてきたんだな」

と思うと、すべてが許せるのです。

そして気づいたら、たくさんの経験と選択肢を手にすることができていました。

そうやって自分がこれまで重ねてきた歩みについて、相談に来る女性たちの状況に合わせて話をしています。

「今25歳でしょ？　私も毎日会社に行きたくなくて、ドアのところで泣いてたの。だからわかるよ」

と言うと、「役員でもそんなことあったんですか？」と、ホッとした表情になる。

27歳くらいの人には、

「ね、ちょっと見て。霧が晴れた感じしない？　仕事が面白くなってきたでしょ？」

なんて話すと「ほんとですね！」って。

32歳くらいなら、

「後ろを振り返ったら道があるでしょ。次は自分で行きたい道を選べるだけの力がついているってことだよ。大丈夫！」

と、少し背中を押してあげる。

そうやって、自分が経験してきたことに基づいて、みんなを応援してきました。

自分が大切にしてきたものを、一人でも多くの人にシェアしたい。

社会のために自分ができることをしたい。

自分の経験や知見で解決できる社会問題をビジネスにしていきたい。

今までの自分の中にはなかったwillが、ぽつぽつと生まれているのを日々感じています。


女性が生き生きと夢中になって働くために、周囲は何ができるか。本書がそのヒントになれば幸いです。一人でも多くの人が、

「あぁ、がんばってきて良かったな」

と、人生を振り返れるように、心から応援しています。


最後に。


本来であれば、出会ってきたすべての方々の名前をあげてお礼を言いたいのですが、それだけで何十ページにもなり、一人ひとりのエピソードを書きたくなってしまうので、ぐっと我慢し、とにかくありがとう。ありがとう。とすべての方に伝えたいです。

今、目の前にある不満や不安を反対側から見て、いいところを探して、感謝して、褒め

ることができたら、きっと楽しく、今よりも前に進めるようになると思います。

楽しく、可愛く、一生懸命。

これは、私がサマンサでプレスチームを統括していた時に、みんなにいつも言っていたことです。

どうせやるなら、楽しく、ポジティブに、相手の立場に立って熱く燃えよう。というメッセージです。簡単なようで、意外と難しいけれど、自分と相手を肯定する癖をつけると、きっと毎日は楽しくなる。そう信じています。

この本を手にとってくださったみなさまの明日が、今日よりも楽しく、なんなら「早く明日が来ないかな！」と思えるような、そんな気持ちになるお手伝いができたらと思っています。

大丈夫！　みんなすごい、がんばってる!!

心からの感謝を込めて。

そして、この本を出版する機会をくださった坂口さん、岩辺さん、支えてくれた仕事仲間、友人たち、家族に心からの愛と感謝を。

世永亜実

世永亜実 Ami Yonaga

サマンサタバサジャパンリミテッド非常勤取締役、
オイシックス・ラ・大地Special Planner/People's Adviser。
大学卒業後、芸能プロダクションのアミューズ勤務を経て、
2002年にサマンサタバサジャパンリミテッドに転職。
ミランダ・カーやヴィクトリア・ベッカム、ヒルトン姉妹など
海外セレブを起用し、同社のブランディングやマーケティングを統括してきた。
2008年に執行役員、2012年に上席執行役員に就任。
2007年に長男、2011年に長女を出産。
2019年に新しい働き方へ転向し、パラレルキャリアを実現。
Instagram @ami_yonaga

ブックデザイン　西垂水敦・市川さつき（krran）
編集協力　岩辺みどり
帯写真　大門 徹
DTP　株式会社 シンクス

発想の転換で読み解く 働く女性のやる気スイッチ
持てる力を120%引き出す並走型マネジメント

2020年7月13日 初版第1刷発行

著者　世永《よなが》 亜実《あみ》
発行人　佐々木 幹夫
発行所　株式会社 翔泳社（https://www.shoeisha.co.jp）
印刷・製本　日経印刷株式会社

本書へのお問い合わせについては、xページに記載の内容をお読みください。
造本には細心の注意を払っておりますが、万一、乱丁（ページの順序違い）や落丁（ページの抜け）がございましたら、お取り替えいたします。03-5362-3705までご連絡ください。

978-4-7981-6539-4

Printed in Japan